Dennis Fiedel · Michael Fischer

Bahnhof à la carte

Eine kulinarische Entdeckungsreise
entlang der Bahnstrecken in Schleswig-Holstein

Husum

Herausgegeben von der LVS Schleswig-Holstein
Landesweite Verkehrsservicegesellschaft mbH
Raiffeisenstraße 1
24103 Kiel
Tel. 0431/66019-0
www.lvs-sh.de

Bibliografische Information Der Deutschen Bibliothek

Die Deutsche Bibliothek verzeichnet diese Publikation in der Deutschen Nationalbibliografie; detaillierte bibliografische Daten sind im Internet über http://dnb.ddb.de abrufbar.

Fotonachweis:
Umschlagfotos: Ute Sophie Knabe und Michael Fischer
Fotos Seite 16, 17, 55, 56, 65: Michael Fischer
Fotos Seite 40, 41 mit freundlicher Genehmigung Hotel Vier Jahreszeiten Casino Travemünde
Fotos Seite 18,19 mit freundlicher Genehmigung Hotel Miramar, Tönning
Fotos Seite 20 mit freundlicher Genehmigung von Bernd Gröninger, Mariso
Fotos Seite 50,51, 73: Andreas Birresborn (mit freundlicher Genehmigung vom Restaurant Stolz)
Alle weiteren Fotos: Ute Sophie Knabe

Mehr Bahnhof à la carte im Internet unter **www.nah-sh.de**

© 2004 by Husum Druck- und Verlagsgesellschaft mbH u. Co. KG, Husum

Satz, Layout, Druck und Weiterverarbeitung:
Husum Druck- und Verlagsgesellschaft mbH u. Co. KG,
Postfach 1480, 25804 Husum – www.verlagsgruppe.de
ISBN 3-89876-184-3

Amuse Gueule

Lieber Leser,
es gibt Orte, da isst man einfach gerne. Das kann ein so genannter Gourmet-Tempel sein – oder ein liebevoll geführter Imbiss. Man muss nur wissen, wo sie zu finden sind. »Bahnhof à la carte« stellt einige von ihnen vor: das Casino-Restaurant mit offener Küche und fantastischem Blick auf die Ostsee, das kleine »Express«-Schnellrestaurant, das sich als Topadresse der Imbisszene an der Westküste entpuppte, oder die atemberaubende Sterneküche am Plöner See.

Eines verbindet alle: Ob Restaurant, Gasthaus und Imbiss – sie liegen entweder in Bahnhöfen oder in Bahnhofsnähe und können dementsprechend mit dem Zug erreicht werden. Bei »Bahnhof à la carte« gibt es den »Chauffeur« quasi dazu. Und um die Planung zu erleichtern, sind die jeweils letzten Zugverbindungen bei den getesteten Gaststätten mit angegeben.

Dass sich über Geschmack trefflich streiten lässt – darüber sind sich die Autoren im Klaren. Der subjektive Eindruck spielt bei jeder Restaurantvorstellung natürlich eine Rolle. Entscheidend für die Auswahl der Gaststätten rund um die Bahnhöfe waren vor allem zwei Fragen: Was sind die unbestreitbaren Qualitäten dieser Gaststätte? Und: Entspricht das Lokal den Erwartungen?

Demzufolge führen die kulinarischen Entdeckungsreisen zu gastlichen Orten, an denen gut gegessen werden kann, die ein außergewöhnliches Ambiente haben oder die durch ihre schöne Lage betören. Entsprechende Icons im Textteil zeigen die jeweilige besondere Qualität der Gaststätte.

Da es in der Gastronomie häufiger zu Veränderungen kommt, ist ein Internetauftritt von »Bahnhof à la carte« in Vorbereitung. Unter www.nah-sh.de soll ab Herbst 2004 regelmäßig über Neuigkeiten informiert werden.

Neben den ausführlicheren Restaurantvorstellungen in diesem Band gibt es einen zweiten Teil, in dem die von uns entdeckte, derzeitige Bahnhofsgastronomie genannt wird. Die Daten in diesem Kapitel sind gewissenhaft recherchiert und entsprechen dem Stand Sommer 2004. Anspruch auf Vollständigkeit wird nicht erhoben, denn bei über 160 Bahnhöfen in Schleswig-Holstein können wir schon einmal etwas übersehen. Natürlich freuen wir uns darüber, wenn Sie uns weitere Gaststätten nennen.

Amuse Gueule

Egal ob Pendler oder Gelegenheitsreisender, ob es um einen Wochenendausflug geht oder einfach darum, mal wieder etwas Neues auszuprobieren: »Bahnhof à la carte« will Lust machen auf Entdeckungen in der kulinarischen Szene rund um die Bahnhöfe des Landes. Dass es vieles zu entdecken gibt, davon sind wir überzeugt.

Wenn es um Bahn und Schleswig-Holstein geht, dann ist neben den einzelnen Verkehrsunternehmen die LVS Schleswig-Holstein zu nennen, die Landesweite Verkehrsservicegesellschaft mbH. Sie organisiert den Schienenpersonennahverkehr im Land und kümmert sich gemeinsam mit den Verkehrsunternehmen auch um die Bahnhöfe. Dieser Führer wird von der LVS herausgegeben.

Nun aber: Bahn frei zu besonderen gastlichen Orten entlang der Bahnstrecken in Schleswig-Holstein.

Viel Spaß dabei wünschen

Dennis Fiedel und Mjchael Fischer

Für jeden Geschmack das richtige Symbol:

 sehr gute Küche

 schöne Lage

 besonderes Ambiente

 für Familien

 für das kleine Budget

 für das mittlere Budget

 für das große Budget

Hamburg–Westerland (Sylt)

Hamburg–Westerland (Sylt)

**mit Heide–Büsum und
Husum–Bad St. Peter-Ording**

Hamburg–Westerland (Sylt)

Glückstadt	Der kleine Heinrich
Itzehoe	Gockelerie
Meldorf	Express
Heide	Kotthaus/Am Kamin
Westerland/Sylt	Mariso

Heide–Büsum

Reinsbüttel   Gasthof Leesch

Husum–Bad St. Peter-Ording

Tönning   Windrose

Hamburg–Westerland (Sylt)

Glückstadt

Der kleine Heinrich
Am Markt 2 (5 Minuten vom
Bahnhof Glückstadt)
25348 Glückstadt

- 0 41 24 - 36 36
- täglich 11.30 bis 23 Uhr
- letzter Zug nach Hamburg-Altona 23.40 Uhr, letzter Zug nach Itzehoe 0.27 Uhr

»Der kleine Heinrich« liegt wunderbar windschief direkt am Glückstädter Marktplatz, keine zehn Minuten vom Bahnhof entfernt. Innen im alten Fachwerkhaus ist es unglaublich gemütlich. Und das bunte Treiben auf dem Marktplatz ist so spannend, dass wir uns regelrecht zwingen müssen, die feine Speisenkarte zu studieren.

Bekannt ist Glückstadt für den Matjes. Natürlich spielt der Hering auch auf der Karte des »kleinen Heinrich« die ihm gebührende Rolle. Daneben bietet die Küche aber auch verschiedene fischfreie Leckereien. So bestellt meine Begleiterin schmackhafte Haselnussspätzle mit Steinpilzrahm und Rosenkohl (9,50 Euro) und zeigt sich vor allem begeistert vom großartigen Württemberger Schwarzriesling, dessen Namen wir leider zu notieren vergaßen. Nicht nur deshalb ist unser nächster Besuch im »kleinen Heinrich« schon geplant. Denn meine Matjesvariationen (Aalrauchmatjes mit Sahnemeerrettich, Rotweinmatjes mit Zwiebelringen und Matjes natur mit

Glücksgefühle nicht nur beim Matjes: »Der kleine Heinrich«

10 Hamburg–Westerland (Sylt)

Hier sind auch Seemänner zu Gast

Honig-Dill-Sauce) mit Bratkartoffeln (12,90 Euro) sind wirklich toll. Wunderbar anzusehen. Zart. Mit dem jeweils perfekten Begleiter. Die Glückstädterin am Nebentisch hat Gäste aus Düsseldorf zum Essen eingeladen und völlig Recht: »Wenn du Matjes essen willst, bist du hier genau richtig!«

Wir verzichten auf Buttermilchsuppe mit Rosinen, Fliederbeersuppe mit Grießklößchen oder eines der weiteren regionalen Desserts und bestellen stattdessen zwei Espressi, die natürlich mit einem Glas Wasser serviert werden, und einen Waldhimbeergeist. Die Karte verrät uns nicht, wer dieses famose Getränk herstellt, und auch die Bedienung gibt sich zugeknöpft. Schade, denn hier ist es jemandem gelungen, wirklich die Wald-

Schlicht schön: das Platzangebot im »kleinen Heinrich«

Hamburg–Westerland (Sylt)

himbeere ins Glas zu zaubern. Nun, beim nächsten Mal werden wir's herausbekommen.

Itzehoe

Gockelerie
Bahnhofstraße 32
(direkt im Bahnhof)
25524 Itzehoe

- 0 48 21 - 6 30 00
- täglich 11 bis 23 Uhr
- letzter Zug nach Hamburg-Altona 23.42 Uhr, letzter Zug nach Husum 23.51 Uhr

Schon beim Eintreten sind wir beeindruckt: Ein riesengroßer Baum steht in der Mitte des Gastraums der Gockelerie im Itzehoer Bahnhof. Natürlich aus Plastik. Aber unser Besuch folgt weniger botanischem als vielmehr kulinarischem Interesse.

Die Gockelerie ist uns von Einheimischen ans Herz gelegt worden, die zum Teil behaupten, große Teile ihrer Jugend in diesem Imbiss verbracht zu haben. Das richtige Gockelerie-Gefühl stelle sich allerdings, so unsere Gewährsleute, erst im Sommer ein, wenn die große Terrasse direkt auf dem Bahnsteig zum Verweilen einlade. Nun, noch ist nicht Sommer.

Aus der umfangreichen Speisenkarte wählen wir zwar nicht die Spezialität, das halbe Hähnchen (2,55 Euro), orientieren uns aber dennoch am Firmennamen.

Die »Chickenpicks mit Pommes« meiner Begleiterin kommen mit einer liebevoll arrangierten Salatbeilage daher und wissen zu überzeugen. Die Chickenpicks entpuppen sich als echte Teile vom Huhn in feiner

Alles an seinem Platz

Stolzer Namensgeber

12 Hamburg–Westerland (Sylt)

Hahn im Korb

Platz zum Sattessen

Panade, die Angst, auf paniertes Hühnerpüree zu treffen, war also unbegründet. Sehr in Ordnung sind auch die Pommes frites, die im rechten Moment das Frittierfett verließen und hervorragend mit der Mayonnaise harmonieren. Die außergewöhnlich remouladige Soße zu den Chickenpicks ergänzt das Ensemble auf das Trefflichste.

Nicht minder zufrieden stellend ist meine »Gockelpfanne« (5,50 Euro). Die Komposition aus Bauernfrühstück, Hühnerfrikassee und einem darauf gebetteten Spiegelei überfordert auch den hungrigsten Magen, ist aber gleichzeitig so schmackhaft, dass der Magen das nicht recht wahrhaben will.

Wir verzichten auf eine Getränkempfehlung des freundlichen Personals und genießen zum Essen einfach jeweils ein

Hamburg–Westerland (Sylt)

Alsterwasser (1,80 Euro). Satt und zufrieden verlassen wir dann den Gastraum. Einziger Wermutstropfen: Die Zubereitung der Speisen dauerte ungewöhnlich lange, so dass wir unseren Zug verpassten.

Meldorf

Express
Imbiss, Bistro, Kiosk
Am Bahnhof 5
25704 Meldorf

- 0 48 32 - 97 85 15
- montags bis freitags 9 bis 18.30, sonntags 11 bis 19 Uhr, sonnabends Ruhetag
- Zug stündlich nach Heide und Itzehoe; Zug nach Lokalschluss nach Heide 19.15 Uhr , Zug nach Itzehoe 19.43 Uhr

Manchmal muss es schnell gehen. Und manchmal ist der Hunger besonders groß. Dann ist es gut, in Meldorf zu sein. Denn direkt am Meldorfer Bahnhof liegt eine der Topadressen der Imbissszene an der Westküste: Der Express. Als das freundliche Personal mich fragt, was ich essen möchte, bitte ich erst einmal um Bedenkzeit. Zu umfangreich ist die Karte, die oberhalb des Tresens mit den vielen Brötchen und Süßigkeiten hängt. Nach langem Überlegen entscheide ich mich für den täglich wechselnden Mittagstisch und bestelle hausgemachte Frikadellen mit Apfelrotkohl, Salzkartoffeln und Soße für 4,30 Euro. Das schmeckt alles sehr ordentlich und ist eigentlich selbst für meinen hungrigen Magen deutlich zu viel. Ich esse trotzdem alles auf und beobachte dabei die vielen Stammgäste, die nach und nach ihre offenbar festen Plätze im modernen und freundlichen Bistrointerieur einnehmen. Rund um mich herum gibt es dann Bratkartoffeln in allen Variationen – mit Matjes, mit Brathering, mit Sauerfleisch, als Bauernfrühstück ... Einige Schüler, die auf

Topadresse der Imbissszene

14 Hamburg–Westerland (Sylt)

Königsberger Klopse.« – »Ja.« – »Und übermorgen Kräuternakken.« – »Hm.« – »Müssen wir ja jetzt noch nicht entscheiden.« Ich gehe. Bin satt und habe, obwohl ich nicht einmal eine halbe Stunde im Express war, wieder einiges über die Dithmarscher gelernt.

Heide

Im Express ist man bestens bedient

ihren Bus warten, nehmen noch schnell einen Express-Burger oder einen Hotdog. Vier Frauen aus der nahe gelegenen Wirtschaftsakademie trinken Kaffee und essen dazu Brötchen. Gesprochen wird hier in Dithmarschen nicht so viel. Wer die riesigen Portionen sieht, weiß aber auch, warum. Die beiden Handwerker am Nebentisch studieren die Wochenkarte, während ich mich zum Aufbruch rüste: »Morgen gibt's

Bleibt selten unangetastet

Kotthaus Restaurant Am Kamin
Rüsdorfer Straße 3
(gegenüber vom Bahnhof)
25746 Heide

✆ 04 81 - 85 09 80
🕐 täglich 18 bis 22 Uhr
🚆 letzter Zug nach Husum 23.40 Uhr, letzter Zug nach Itzehoe 23.31 Uhr, letzter Zug nach Büsum 22.01 Uhr, letzter Zug nach Neumünster 23.17 Uhr

Schräg gegenüber vom Bahnhof Heide setzt Kay Kotthaus ganz auf Dithmarscher Tradition. Selbstverständlich spricht der Besitzer des Hotelrestaurants neben Hoch- auch Plattdeutsch, und viele der schönen Details im Restaurant »Am Ka-

Hamburg–Westerland (Sylt)

min« hat er aus dem väterlichen Betrieb übernommen. Der Speiseraum wird vom großen alten Kamin dominiert und die alten, dunklen Hölzer der Tische und Stühle tragen zu einer edel-rustikalen Atmosphäre bei. Gekocht wird überwiegend mit regionalen Produkten, artgerecht und ohne viel Schnickschnack. Die Speisenkarte gibt dem entsprechend Auskunft: »Altdeutsche Kartoffelsuppe mit Steinpilzen« zum Beispiel und die obligatorische »Büsumer Krabbensuppe«, »In Butter gebratene Scholle, Krabben, Petersilienkartoffeln« (17 Euro) und »Gebratenes Roastbeef, Pilze und Zwiebeln, Kräuterbutter, Hollandaise, Bratkartoffeln«. Immer mit auf der Karte finden sich saisonale Gerichte wie Spargel, Kürbis oder Kohl. Dass die deftige Küche geschmack-

Im Zentrum des Speiseraums: der alte Kamin

Hotel und Restaurant in einem: das Kotthaus gegenüber dem Bahnhof in Heide

Hamburg–Westerland (Sylt)

Im Kotthaus gibt's deftige Dithmarscher Küche

Vom Haltepunkt Reinsbüttel sind es nur wenige Schritte bis zum schönen roten Backsteingebäude, in dem seit über 40 Jahren die Familie Leesch einen Gasthof führt. Seit 1979 sind es Hans-Joachim Leesch als Küchenmeister und seine Frau Hannelore als Restaurant-Leiterin, die für das Wohl der Gäste sorgen. Da wir uns an einem heißen Tag nach Reinsbüttel auf den Weg gemacht haben, ist der erste Eindruck die wohltuende Kühle in dem mit hellen Farben und beinahe festlich gedeckten Tischen ausgestatteten Speiseraum. Unsere Freude wird noch dadurch verstärkt, dass neben unserem Tisch eine alte Vitrine steht mit einigen vielversprechenden hochprozentigen »Geistern«. Ja, hier fühlen wir uns wohl. Der freundliche und lich überzeugt und der Service überaus zuvorkommend ist – auch das spricht für einen Besuch in diesem Dithmarscher Kleinod.

Reinsbüttel

Gasthof Leesch

Dorfstraße 14 (3 Minuten vom Bahnhof Reinsbüttel)
25764 Reinsbüttel
www.leesch.reinsbuettel.de

✆ 0 48 33 - 22 89
🕐 dienstags bis sonntags 12 bis 15 Uhr und 17 bis 22 Uhr.
Zimmer:
sechs Doppelzimmer
🚆 letzter Zug nach Büsum 22.21 Uhr, letzter Zug nach Heide 22.37 Uhr

Matjes einmal anders: als herzhaft-feine Kanapees

Hamburg–Westerland (Sylt)

Mächtiger Backsteinbau im Dorfzentrum: der Gasthof Leesch

kompetente Service trägt ein Übriges dazu bei. Und auch Hans-Joachim Leesch und seinem Team sind wir bald dankbar. Die Büsumer Krabbensuppe ist ein echter Zungenschnalzer und die Matjeskanapees sind eine gelungene Mischung aus frischem Fisch, knackigen Äpfeln und gar nicht scharf schmeckenden Zwiebeln. Danach machen wir uns an die üppige und vorzügliche Fischpfanne »Uthlande« (13,50 Euro) – mit Filets von Wolfsbarsch und Lachs, Büsumer Krabben, Gemüse, Senfsaatsauce und Bratkartoffeln. Und an Rinderfiletspitzen (14 Euro), die sehr zart und geschmacklich überzeugend sind. Besonders hervorheben möchten wir die Saucieren, in denen sich nach unserem Schmaus nur mehr kleine Überreste der Senf- bzw. Pilzsauce befinden. Zu guter Letzt erwartet uns noch eine Crème brûlée mit Eis, deren Genuss uns die Augen schließen lässt. Dabei hatten wir zunächst die sicher nicht minder gute eingelegte Portweinfeige auf Schokoladenschaum bestellen wollen (und zuvor die am Tisch zubereiteten Riesengarnelen, in Limonen-Oliven gebraten). Aber ist es ist ja immer gut, wenn man sich für die nahe Zukunft etwas vornimmt.

Unbedingt empfehlenswert: die »Dessertnaschereien«

Hamburg–Westerland (Sylt)

Tönning

Plakate führen zum Eingang des Restaurants

Restaurant Windrose
Westerstr. 21
(gegenüber vom Bahnhof)
D-25832 Tönning
www.miramar-hotel.de

- ℘ 0 48 61 - 90 90
- 🕐 durchgehend geöffnet
- 🚂 letzter Zug nach Husum: 0.05 Uhr, letzter Zug nach Bad St. Peter-Ording 23.02 Uhr

Gegenüber vom Bahnhof und nur wenige Schritte vom historischen Tönninger Marktplatz entfernt liegt das »Miramar« mit dem von außen unscheinbaren, doch feinen Hotel-Restaurant »Windrose«.

Der kleine, helle und modern eingerichtete Speiseraum ist – aufgrund des Hotelbetriebs – rund um die Uhr geöffnet. Daher zuckt das freundliche Personal auch nicht mal mit der Wimper, als wir gegen 14.30 Uhr um einen Platz bitten. Die Speisekarte hat einen Schwerpunkt auf Gerichte regionaler Provenienz: Aal, Matjes, Scholle, Lachs, Zander und Seezunge werden angeboten – und natürlich Krabben. Wir entscheiden uns als Vorspeise für »Tönninger Krabbensuppe mit vielen frischen Nordseekrabben unterm Sahnehäubchen« (6,50 Euro). Um die Zeit des Wartens etwas zu verkürzen, empfiehlt sich die Küche mit einem Amuse gueule »Lachs und Spinat im Blätterteig«. Das ist ein feiner Zug

Immer auf Zack: der freundliche Service in der »Windrose«

Hamburg–Westerland (Sylt)

und er macht Lust auf mehr. Die Suppe ist ein Gaumenkitzler und wirklich voll von Nordseekrabben. Die Westküste hält mal wieder, was sie verspricht. Im Anschluss daran folgen gegrillte »Medaillons vom Lammrücken« mit Kartoffelrösti und Puszta-Gemüse (16,80 Euro). Das Fleisch ist geschmacklich überzeugend und schön saftig, das Puszta-Gemüse in einer milden Paprikasauce eingebunden und die Kartoffelrösti sind gut und nicht zu trocken. Eine der Besonderheiten in der Windrose ist das Angebot, sich Fleisch-Speisen vom »Lava-Grill« individuell zusammenzustellen. Statt des Lamms hätten wir auch Pute oder Schwein nehmen können, statt Rösti auch Pommes frites oder Kroketten. Zum Abschluss schnabulieren wir noch vom gemischten Dessert-Teller »Miramar«, eine Auswahl an selbst gemachtem Eisparfait, Cremes, Früchten und Eis. Als wir Heino über die Lautsprecher hören mit »La Paloma ohé, einmal muss es vorbei sein«, machen auch wir uns auf den Weg. Mit einem Lächeln und einem »Vielleicht bis zum nächsten Mal?« verabschiedet uns das Personal. Wir lächeln zurück und fügen hinzu »Bis zum nächsten Mal!«

Westerland/Sylt

Mariso
Paulstraße 10 (5 Minuten vom Bahnhof entfernt)
25980 Westerland/Sylt
www.mariso.de

€€

✆ 0 46 51 - 29 97 11
🕐 von Pfingsten bis Ende Oktober ab 12 Uhr, im Winter 17 bis 23 Uhr
🚆 letzter Zug nach Niebüll 0.52 Uhr

Die schöne, frei stehende Bar der »Windrose«

»Geht zu Bernd Gröninger«, hatte eine Freundin geraten. »Der ist gut, sein Restaurant noch nicht so überlaufen und es liegt in Bahnhofsnähe«. Was will man mehr in Westerland? Das »Mariso« – es wirkt wie eine gemütliche Trattoria. An den

Das Signet des »Mariso«: der lächelnde Fisch mit Krone

Hamburg–Westerland (Sylt)

Hat gut lachen: Inhaber Bernd Gröninger vor seinem »Mariso«

Wänden dominieren gelbe und rote Töne, auf den schlichten Holztischen brennen Kerzen. Bei Durchsicht der Karte müssen wir unseren ersten Eindruck ergänzen. Es ist eine italienisch-asiatische Melange, die der Bayer Gröninger anbietet. Im Bücherbord steht dem entsprechend das »Culinaria Italia« neben dem Band »Bambus«.

Als Vorspeise wählen wir die »Dim Sum«, Teigtaschen mit dreierlei Gemüsefüllung für 8 Euro. Besonders angetan sind wir von den angebratenen Wan Tans. Kombiniert mit der scharfen der drei angebotenen Saucen machen die Lust auf mehr. Das kommt für meine Begleiterin in Form eines »Steinbeißers im Sesammantel mit Bandnudeln und asiatischem Gemüse« (15,20 Euro) und für mich als »Heilbuttfilet vom Grill mit Spinat und Grillkartoffeln« (15,20 Euro). Während ich mit meinem Fisch und der Zusammenstellung sehr zufrieden bin, hat der Steinbeißer meiner Begleitung eindeutig zu viel Sojasauce geschluckt. In Verbindung mit den dominanten Auberginen kann sich der Fisch schlecht behaupten. »Schmeckt das nicht herrlich?«, fragt uns eine Dame am Nebentisch. So ist es eben manchmal: Der Steinbeißer ist im Mariso ihr Favorit. Versöhnt wird meine Begleitung durch die herrliche Crème brûlée. Der »Holundergeist« von der Hausbrennerei der Bergbauern aus dem bayerischen Nitenau setzt für mich einen schönen Schlusspunkt. Nicht unerwähnt bleiben sollen die gute, für Sylter Verhältnisse preisgünstige Weinkarte, der patente Service und das Angebot an Tagesgerichten. Und das nächste Mal werden wir Sushi probieren – das gibt es auf Sylt nämlich selten.

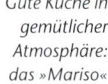

Gute Küche in gemütlicher Atmosphäre: das »Mariso«

Hamburg–Kiel

Hamburg–Kiel

mit Hamburg-Eidelstedt–Neumünster, Norderstedt-Mitte–Ulzburg Süd und Ulzburg Süd–Elmshorn

Hamburg-Eidelstedt–Neumünster

Hasloh   Haslohs Familienlokal

Hamburg–Kiel

Kaltenkirchen La Botte
Einfeld   Einfelder Bahnhof

Hamburg–Kiel

Hasloh

Haslohs Familienlokal
Ladestraße 2
(direkt am Bahnhof Hasloh)
25474 Hasloh

- ✆ 0 41 06 - 65 21 30
- 🕓 montags bis freitags 11 bis 14 u. 17 bis 22 Uhr, samstags und sonntags 12 bis 23 Uhr
- 🚆 letzter Zug nach Kaltenkirchen 23.35 Uhr, letzter Zug nach Hamburg-Eidelstedt 23.26 Uhr

Fenster mit Ausblick

Als wir uns nach Hasloh aufmachten, wollten wir zwei Dinge herausfinden. Zum einen natürlich, ob wir im Lokal (fast) gleichen Namens gut essen können, zum anderen aber auch, was denn überhaupt ein Familienlokal ist. Zwei Stunden später waren wir im Bilde: In Haslohs Familienlokal gibt es fast alle Speisen auch als Kinderportionen – natürlich zum halben Preis. Außerdem gibt's eine spezielle Kinderkarte. Und dann gibt es viele alkoholfreie Getränke auch in der preisgünstigen Familienflasche. Außerdem natürlich Kinderstühle, einen Kinderwagenstellplatz und auf der Toilette einen Hocker, damit auch kleinere Menschen das Waschbecken erreichen können. Vielleicht bedeutet Familienlokal aber auch, dass der Wirt mit Frau und zwei kleinen Kindern selbstverständlich im Lokal zu Abend isst. So ist das nämlich in Haslohs Familienlokal.

Da wir ohne Kind unterwegs waren, bestellten wir norma-

Fast alle Speisen als Kinderportionen: »Haslohs Familienlokal«

Hamburg–Kiel

le, das heißt sehr großzügige Portionen. Der Balkanteller von der Tageskarte, den meine Begleiterin bestellte, entsprach mit Giros, Cevapcici, Hackbraten, Zaziki und Pommes frites den Erwartungen, der dazu gereichte hausgemachte Krautsalat war sehr ordentlich. Mein Grillteller mit Schweinefilet, Rinderfilet, Schweineschnitzel und Hähnchenschnitzel war nicht nur sehr gut, sondern mit 10,50 Euro auch sehr preiswert. Dazu gab's übrigens knackiges Buttergemüse und knusprige Bratkartoffeln.

Nach dem Essen ließen wir uns noch einmal die Speisenkarte bringen: Darin ist nämlich auch der aktuelle Fahrplan enthalten.

Große Tafel – kleine Preise

Geht hoch hinaus: Speiseraum in »Haslohs Familienlokal«

Kaltenkirchen

La Botte
Hamburger Straße 75
(2 Minuten vom Bahnhof Kaltenkirchen)
24568 Kaltenkirchen
www.LaBotte.de

✆ 0 41 91 - 41 44
🕐 täglich 12 bis 15 Uhr und 18 bis 24 Uhr
🚆 letzter Zug nach Neumünster 22.43 Uhr, letzter Zug nach Hamburg-Eidelstedt 23.43 Uhr

Es war schon fast 14.30 Uhr, als ich den Kellner im »La Botte« fragte, ob ich noch Mittagessen bekommen könnte. Ein

Hamburg–Kiel

Macht Eindruck: »La Botte« von außen

»Selbstverständlich« später saß ich schon unter der Linde auf der großen Terrasse und studierte die täglich wechselnde Mittagskarte. Während ich noch versuchte, mich für eine der sieben Hauptspeisen zu entscheiden, fand eine schmackhafte Bruschetta ihren Weg auf meinen Teller.

Als »Tagesvorspeise« (gehört zu jedem Hauptgericht auf der Mittagskarte) gab's eine ordentliche Brokkoli-Cremesuppe, danach folgte dann das schmackhafte Schweineschnitzel »Pizzaiola« mit Tomaten-Kapern-Soße (7,20 Euro). Dazu wurden knackig gedünstete Gemüse und leicht mit Mozarella überbackene, köstliche Béchamel-Kartoffeln gereicht. Gerne bestätigte ich dem freundlichen Kellner, dass es mir geschmeckt hatte und dass ich nun gedachte, das mir empfohlene Tiramisu (3,80 Euro) zu probieren. Zweifel an der Qualität des Tiramisu hatte ich keine, weil die beiden kleinen Töchter der italienischen Familie am Nebentisch zuerst darauf beharrt hatten, genau diese Nachspeise zu erhalten, und nun schon seit einiger Zeit mit erkennbarem Genuss ihre großen Portionen verspeisten. Ich wurde nicht enttäuscht! Trotz der beeindruckenden Grappe-Sammlung in drei hohen Vitrinen neben der Eingangstür verzichtete ich auf einen Digestif. Darum werde ich mich dann bei meinem nächsten Besuch kümmern, wenn ich auch die überaus lecker aussehende Pizza probieren muss.

Macht Appetit: Die Speisenkarten-Tafel

Hamburg–Kiel

Gute Küche mit europäisch-asiatischen Einflüssen

Einfeld

Einfelder Bahnhof
Einfelder Schanze 3
(direkt am Bahnhof Einfeld)
24536 Neumünster

- 0 43 21 - 95 38 53
- dienstags bis samstags 12 bis 15 Uhr und 18 bis 22.30 Uhr, sonntags 12 bis 22.30 Uhr, montags Ruhetag
- letzter Zug nach Neumünster 0.22 Uhr, letzter Zug nach Kiel 0.38 Uhr

Verkehrsgünstiger kann ein Restaurant kaum liegen: Wie der Name bereits vermuten lässt, liegt das Restaurant »Einfelder Bahnhof« direkt im alten Empfangsgebäude. Schön restauriert, schlicht und modern eingerichtet. An diesem Mittwoch ist das Restaurant nur mäßig besucht, so dass wir auch ohne Reservierung einen wunderbaren Fensterplatz wählen können. Aber nicht nur Trainspotter sollen hier auf ihre Kosten kommen, sondern auch Freunde der guten Küche.

Die Speisen sind europäisch – mit asiatischem Einfluss. Meine Begleiterin wählt eine Maissuppe und anschließend ein Lammfilet. Ich entscheide mich für eine asiatische Gemüsesuppe und knusprige Ente. Als Dessert gibt's Apfel im Blätterteig mit Vanilleeis. Aus der kleinen Weinkarte wählen wir einen 1998er Villa Antinori Chianti Classico Riserva.

Die Maissuppe mit reichlich

Schanzenschmuckstück: Einfelder Bahnhof

Hamburg–Kiel

Tolle Desserts und Spitzenweine

Huhn ist ordentlich, die Gemüsesuppe mit nicht weniger Huhn ist fruchtig, angenehm zurückhaltend gewürzt und macht der Zunge richtig Spaß. Das sehr gute Lammfilet wird mit dezenten Rosmarinkartoffeln serviert, dazu gibt es wohlgewürzt knackiges, gemischtes asiatisches Gemüse aus dem Wok. Die knusprig gebackene Ente ist erstaunlich fettarm und wunderbar zart, das Gemüse passt hier genau so gut wie beim Lamm und der Reis ist in Ordnung. Das Dessert ist toll.

Beim Hinausgehen entdecken wir neben der Theke kistenweise Spitzenweine. Mit einem 1999er Tignanello in der Hand frage ich den Wirt, ob er diese Weine auch ausschenke, was er bejaht, und warum er uns denn dieses großartige Sortiment vorenthalten habe. Die Antwort: Die Weine seien so teuer und könnten die Gäste in der Karte erschrecken. So viel Rücksichtnahme rührt mich. Beim nächsten Besuch werde ich dann tapfer nachfragen.

Und nach dem Essen: mit dem Zug nach Hause

Hamburg–Lübeck–Puttgarden

Hamburg–Lübeck–Puttgarden

**mit Lübeck–Travemünde, Lübeck–Büchen,
Hamburg–Büchen, Neumünster–Bad Segeberg**

Hamburg–Lübeck–Puttgarden

Bargteheide	Utspann
Bad Oldesloe	Köz 1
Scharbeutz	Restaurant Wennhof
Neustadt	Dolce Vita

Lübeck–Travemünde

Lübeck-Travemünde Hafen	Alter Bahnhof 1913
Lübeck-Travemünde Strand	Il Giardino

Lübeck–Büchen

Mölln	Ratskeller

Neumünster–Bad Segeberg

Neumünster-Süd	Südbahnhof
Bad Segeberg	Bahnhof

Hamburg–Lübeck–Puttgarden

✆ 0 45 32 - 62 20
🕐 dienstags bis sonntags ab 18 Uhr; samstags und sonntags auch Mittagstisch; sonntags von 11 bis 15 Uhr Brunch
🚆 letzter Zug nach Hamburg 23.42 Uhr, letzter Zug nach Lübeck 1.23 Uhr.

Kaum zu übersehen: der monumentale, reetgedeckte Fachwerkbau des »Utspann«

Bargteheide

Utspann
Hamburger Str. 1 (10 Minuten vom Bahnhof entfernt)
22941 Bargteheide

Gut speisen im rustikalen Ambiente

Das »Utspann« in Bargteheide ist ein mächtiges Gebäude aus rotem Backstein, Fachwerk und Reet. Die Grundsteinlegung geht bis ins 16. Jahrhundert zurück. Diente das Haus am Anfang noch als »Ausspann« für Pferde, so war es später auch Poststation, Dorfkrug, Gendarmerie, Arbeits- und Standesamt, Bücherei und Museum. Die bewegte Geschichte spiegelt sich in einer Ritterrüstung, einer alten Anrichte oder einer schönen Standuhr wider – und in der Speisenkarte. Da wird ein »Kreuzrittersteak« angeboten, »Eine Schippe Dreck« (gegrillte Brustspitze) oder »Geröstete Pferdeäpfel« (Hackfleisch mit Bratkartoffeln). Nach Auskunft der Karte verordnete Dr. Wuth, dem im 19. Jahrhundert das Utspann gehörte, letzteres

Hamburg–Lübeck–Puttgarden

Gericht »den zahnlosen Kutschern«. Überhaupt gehören Fleischspeisen zu den Schwerpunkten dieser herzhaften Holsteiner Küche. Wir entscheiden uns für das Pfeffersteak »aus dem Kuhstall des Hauses«: ein Rumpsteak mit grüner Pfeffersauce, Paprika, Bratkartoffeln und Krautsalat (16,10 Euro). Und wir haben unsere Freude daran. Denn das Fleisch ist außerordentlich zart und geschmackvoll, das Paprikagemüse eine schöne Ergänzung und die leckeren Kartoffeln kommen stilecht in einer Extrapfanne. Die anschließende Mousse au chocolat macht ebenso Lust auf ein erneutes »Ausspannen« wie der freundliche, aufmerksame Service und das mit frischen Blumen und Kerzen liebevoll gestaltete Interieur. Und sogar den Ohren wird geschmeichelt: Über Lautsprecher singt Norah Jones betörend schön »Come Away With Me«.

Vielleicht werden wir das nächste Mal in der anderen Hälfte des Gasthauses sitzen, dem elegantbäuerlichen Teil mit den dunklen Möbeln und Antiquitäten? Oder vielleicht sogar draußen, im schönen, kleinen Biergarten? Wie auch immer: Das »Utspann« ist in jedem Fall einen Zwischenstopp wert.

Ein Platz an der Sonne – im Biergarten

Plätze im bäuerlich-eleganten Teil des »Utspann«

Hamburg–Lübeck–Puttgarden

Bad Oldesloe

Köz 1
Das Grillhaus im Hauptbahnhof
Käthe-Kollwitz-Str. 8
23843 Bad Oldesloe

Im »Köz 1« wird vor den Augen der Gäste gegrillt

✆ 0 45 31 - 67 05 97
🕒 täglich 11 bis 23 Uhr, samstags 12 bis 24 Uhr, sonntags 13 bis 22 Uhr
🚆 letzter Zug nach Neumünster-Süd 23.59 Uhr, letzter Zug nach Lübeck 23.55 Uhr , letzter Zug nach Hamburg 00.27 Uhr

Bei schönem Wetter bietet das »Köz 1« Plätze vor dem Bahnhof

Beinahe hätten wir ihn übersehen, den kleinen türkischen Grill im Bahnhof Bad Oldesloe. So schlicht wie das fensterglāserne Äußere ist auch der Gästebereich: kleine viereckige Holztische und gepolsterte Stühle, ein Spielautomat, ein Fernseher. Wir hören türkische Musik, sehen uns um – und staunen. Der offene Küchenbereich wird beherrscht von einem Grill mit mächtigem kupfernem Abzug, auf dem ein Segelschiff prangt. Vielleicht hat es Gewürze aus der Türkei an Bord, denken wir, und überfliegen die Speisekarte. Mercimek, eine rote Linsensuppe, gibt es, und Lahmacum, die türkische Pizza, oder Sis Köfte – ein Hackspieß mit anatolischem Reis – für 8 Euro. Außerdem gibt es Lamm in allen Variationen – von Lammnieren (»Böbrek«, 7 Euro) bis zu den besonders zarten Lammfilets (»Kuzu File«, 12 Euro).
Wir entscheiden uns für die mit Piment gewürzten Köfte-

Hamburg–Lübeck–Puttgarden

Frikadellen für 7,50 Euro und Dürüm Kebap mit Salat und Tzaziki (4 Euro). Die Frikadellen schmecken prima und durch das Piment gar nicht nach Muttern, sondern nach Orient. Das Kebap-Fleisch ist hauchdünn geschnitten, zart und saftig, der Salat knackig und das Satziki so, wie man es sich vorstellt – nur ohne Knoblauch. Das begleitende Bier ist vom Fass und schmeckt auch so, echt lecker! Das Fazit unseres Besuchs: In Köz 1 sitzt man zwar ohne Tischdecke, wird aber gut bedient und bekommt eine empfehlenswerte Portion Orient in Schleswig-Holstein.

Der Eingangsbereich vom »Bahnhof« in Bad Segeberg

Bad Segeberg

Bahnhof
Bahnhofstr. 20 (3 Minuten vom Bahnhof Bad Segeberg)
23795 Bad Segeberg

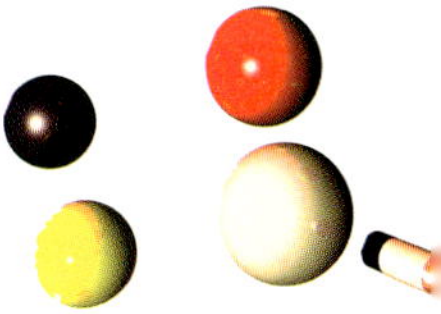

✆ 0 45 51 - 9 13 63
🕐 täglich ab 18 Uhr
🚆 letzter Zug nach Neumünster 0.16 Uhr, letzter Zug nach Bad Oldesloe 23.02 Uhr

Der »Bahnhof« in Bad Segeberg ist nach Monaten des Stillgelegtseins seit Mitte 2004 wieder voller Leben. Und wenn es stimmt, was wir beim Blick zur Theke lesen, dann ist der neue »Oberbahnhofsvorsteher« auch ein »Zickenbändiger«. Doch die beiden kleinen Schilder über dem Ausschank sind womöglich älter als der junge Wirt. Der Oberbahnhofsvorsteher – er heißt

Idealer Platz für türkische Pizza: das »Köz 1«

Hamburg–Lübeck–Puttgarden

Ein Bahnhof als gemütliches Kneipenrestaurant

Ralf Bach, ist Flensburger, sofort sympathisch und hat »Pilsener Urquell vom Fass« im Angebot. Dazu bestellen wir »Orientalische Pfanne in Curcumarahm mit Putenbruststreifen, Früchten und Reis« und »Chili con Carne«. Im Fernsehen läuft Fußball: Frankreich gegen Brasilien. Ein furioses Spiel. Unsere kulinarischen Begleiter entpuppen sich als Ergebnisse guter Bistroküche. Der Curcumarahm verleiht der geschmacklich zurückhaltenden Pute eine schöne exotische Note. Das Chili ist ordentlich, könnte für mich nur etwas schärfer sein. Die Portionen allerdings dürften auch große Esser zufrieden stellen.

Früher soll der Bahnhof mit großen, vielleicht zu großen Ambitionen geführt worden sein. Heute will er einfach ein

Ein Bahnhof mit Billard und Kicker

Hamburg–Lübeck–Puttgarden

gemütliches Kneipenrestaurant sein – mit langer Theke, Billard-Tisch, Kicker und Bundesliga-Tipprunde. Am Dienstag ist »Nudelabend satt«. Einmal im Monat legt ein DJ Musik auf. Dass hier auch sieben Cocktails gemixt werden und »Taittinger« angeboten wird, ist kein Widerspruch. Im Bahnhof, so scheint es, kann man die Feste feiern, wie sie fallen. Und manchmal muss es statt »Cola-Corn« eben Champagner sein.

Neumünster-Süd

Südbahnhof
Altonaer Straße 131
(direkt am Bahnhof Neumünster Süd)
24539 Neumünster

€

- 0 43 21 - 8 44 98
- montags bis freitags 11.30 bis 23 Uhr, samstags 9.30 bis 24 Uhr, sonntags 9 bis 23 Uhr; im Sommer länger
- letzter Zug nach Neumünster 0.37 Uhr, letzter Zug nach Bad Oldesloe 22.40 Uhr, letzter Zug nach Hamburg-Eidelstedt 22.56 Uhr

Zehn Sorten Fassbier, eine umfangreiche Speisenkarte, ein Biergarten unter alten Bäumen: Hier lässt sich trefflich das Feierabendbier genießen. Natürlich gibt's im »Südbahnhof« direkt am Bahnhof Neumünster-Süd auch zahlreiche andere Getränke und natürlich kann man hier auch zu Mittag essen oder am Wochenende frühstücken. Wir aber standen am Ende eines langen Arbeitstages. Und bestellten folglich zwei Biere.

Aus der »Sommerspeisenkarte« (einige deftigere Gerichte gibt es nur im Winter) bestellten wir einmal »Schaffnertoast« und einen »XXL-Burger«. Beides stellte uns voll zufrieden. Der »Schaffnertoast« war großzügig belegt mit einem zarten Schnitzel und mit in Zwiebeln

Verkehrsgünstig gelegen: Gaststätte »Südbahnhof«

Schöner Wartesaal

Hamburg–Lübeck–Puttgarden

Der Lokführer thront über allen

Mölln

Ratskeller
Am Markt 12 (10 Minuten vom Bahnhof entfernt)
23879 Mölln

- 0 45 42 - 70 90
- täglich 11.30 bis 22 Uhr
- letzter Zug nach Lübeck 00.11 Uhr, letzter Zug nach Büchen 23.39 Uhr

Vor dem Bahnhof in Mölln fragen wir eine Passantin nach dem Weg zum Ratskeller. »In den Ratskeller wollen Sie? Da kann man gut essen!«, gibt sie zur Antwort und schickt ein »Immer die Hauptstraße entlang und dann nach links in die Marktstraße« hinterher. Keine zehn Minuten später stehen wir auf dem alten Möllner Marktplatz. Zum Restaurant geht es 14 Stufen hinab – in eine andere Welt, in ein über 600 Jahre altes Gewölbe. Dass gedünsteten Champignons, die dazugehörige Salatbeilage war üppig. Ein hervorragender Begleiter zum Feierabendbier. Der »XXL-Burger« war wirklich groß und bot das, was einen anständigen Burger ausmacht: einen saftigen Rindfleischklops, Salat, Tomate, Zwiebeln, Ketchup, Mayonnaise, Senf – all' das so komponiert, dass es passte. Übrigens auch gut zum Feierabendbier.

Es wird sich nicht immer einrichten lassen, den letzten Termin des Tages im Süden Neumünsters zu haben. Wenn das aber so ist, werden wir gewiss noch das eine oder andere Mal unser Feierabendbier im Südbahnhof trinken.

Über 14 Stufen hinab in den Ratskeller

Hamburg–Lübeck–Puttgarden

es dort nicht dunkel ist, liegt zum einen an den geweißten Wänden und Decken, zum anderen am hellen Holz der Inneneinrichtung und den vielen kleinen Lampen. Kurz überlegen wir, ob wir auf der schönen Terrasse Platz nehmen sollen, doch in diesem Moment verschwindet die Sonne hinter einer Wolkenwand und wir bleiben bei unserem Tisch mit der frischen Rose.

Als ersten Gang freuen wir uns auf eine Karotten-Orangensuppe mit gerösteten Pinienkernen (obwohl wir erst die »sautierten Jacobsmuscheln an Blattsalat« bestellen wollten) – und werden nicht enttäuscht. Mit einer leicht säuerlichen Note trifft sie ganz unseren Geschmack. Als Hauptspeise haben wir gebratenes Zanderfilet auf Champagnerkraut, Weißwein-Kräutersauce und Kartoffelstroh (14,50 Euro) gewählt. Der Fisch schmeckt gut, die Sauce pikant, das leicht säuerliche Kraut harmoniert bestens. Und das Kartoffelstroh? Es ist fein und kross und eine filigrane Variante der Pommes frites. Sehr gut! Als Dessert warten wir ungeduldig auf den »Ratsherren-Dessertteller« (4 Euro). Ganz unterschiedlich sei er bestückt, verrät uns die freundliche, unprätentiöse Bedienung. Wir schlemmen uns durch

Der schöne Biergarten des Ratskellers

Hamburg–Lübeck–Puttgarden

dunkle Schokoladen-Mousse, Panna Cotta, Erdbeereis und Früchte. Die Folge: ein leicht verklärter Gesichtsausdruck und ein Grappa, der erst im Magen seine Kräfte zeigt.

Im Ratskeller kann man also tatsächlich gut essen – und einen Gewölbe-Raum genießen, der in Schleswig-Holstein seinesgleichen sucht.

Ein Platz an der Sonne

Lübeck-Travemünde Hafen

Alter Bahnhof 1913
Vogteistraße 13
(im Bahnhof
Travemünde Hafen)
23570 Travemünde
www.alterbahnhof1913.de

- 0 45 02 - 77 73 10
- montags bis freitags ab 11.30 Uhr, samstags ab 12 Uhr, sonntags ab 10 Uhr (bis 14 Uhr Brunch)
- letzter Zug nach Lübeck 22.33 Uhr

Der »Alte Bahnhof 1913« im Bahnhof Travemünde-Hafen darf zweifellos als gastronomisch-eisenbahnerisches Unikum in Schleswig-Holstein gelten. Denn das Café-Restaurant ist nicht nur in einer alten Bahnhofshalle mit mächtigem eisernem Rundbogen und riesigen Fenstern untergebracht, sondern wir

Einen Zwischenstopp wert: »Alter Bahnhof 1913«

Hamburg–Lübeck–Puttgarden

sitzen zudem inmitten groß aufgezogener Fotos historischer Dampfrösser, alter Eisenbahnschilder und ausrangierter Schlussleuchten. Im Zentrum des imposanten Raumes prangt ein etwa ein Meter langes Modell eines Abteilwagens. Dementsprechend werden wir an unseren Bistrotischen vom »Zugpersonal« bedient – nicht von einem Service. Dieses ist freundlich und hilfsbereit und empfiehlt das Schollenfilet »Neustädter Bucht« in Eihülle gebraten mit Eismeershrimps, Champignons und Salzkartoffeln. Noch bevor das Essen serviert wird, kommt das Zugpersonal mit einem untröstlichen Blick zu uns zurück: Die Champignons seien nicht geliefert worden und ob der Koch stattdessen eine entsprechend große Menge Garnelen beilegen dürfe? So sieht er also aus – ein guter Service. Das Schollenfilet stellt uns zufrieden, die Krabben essen wir hingebungsvoll. So also schmeckt eine ordentliche Bistro-Küche. Und für Abwechslung ist gesorgt. Mehr als 60 Gerichte hat der »Alte Bahnhof« auf der Speisenkarte, darunter vier Angebote »aus des Heizers Suppenkessel«, mehrere »Aufläufe und Überbackenes« und diverse »Fleischgerichte aus Töpfen und Pfannen«. Und es gibt den kostenlosen »Trittbrett-Teller« für Kinder.

Mit welchem Eindruck wir wieder den Zug besteigen? – Der »Alte Bahnhof 1913« ist ein Haltepunkt mit außergewöhnlicher, angenehmer Atmosphäre. Und das werden sicher nicht nur »Schienenküsser« so sehen.

Wohlfühlambiente in alter Bahnhofshalle

Speisen wie in antiken Abteilwagen

Hamburg–Lübeck–Puttgarden

Edles Ambiente, tolle Aussicht: das »Il Giardino«

Lübeck-Travemünde Strand

Il Giardino
Hotel »Vier Jahreszeiten Casino Travemünde«
Kaiserallee 2
(5 Minuten vom Bahnhof »Strand«)
23570 Lübeck-Travemünde

☎ 0 45 02 - 3 08-382
🕐 täglich ab 6.30 Uhr (Hotelbetrieb); sonntags Brunch von 10 bis 15 Uhr; Zimmer: 74 Hotelzimmer und Suiten (ab 80 Euro)

🚆 letzter Zug nach Lübeck: 23.39 Uhr, letzter Zug nach Travemünde-Hafen 22.31 Uhr

Zugegeben: Die Vorstellung, in einem Casino zu essen, fiel uns schwer. Doch das »Il Giardino« im 1912 erbauten und Anfang des neuen Jahrtausends aufwändig renovierten »Casino Travemünde« entpuppte sich als ein in mehrfacher Hinsicht bemerkenswertes Restaurant. Wir sitzen unbeengt, werden äußerst zuvorkommend bedient und haben einen fantastischen Blick auf die Ostsee. Die Hauptattraktion ist allerdings die offene Küche, durch

Hamburg–Lübeck–Puttgarden

die wir den Köchen bei der Arbeit zusehen können. Hier brutzelt es, zischt und klappert, dass es eine Freude ist. Und was heißt »Arbeit«? Besser passen würde sicher »Kreieren«, denn wie es scheint, werden hier die Speisen hoch konzentriert und geradezu liebevoll zubereitet. Da fliegen Kräuter in die Pfanne mit einem Blick, als wolle der Koch das Fleisch beschwören, sich mit diesen Kräutern zu genau jenem Geschmack zu verbinden, den er sich vorstellt. Wunderbar! Auch bei der Anordnung der einzelnen Bestandteile wird Wert auf Ästhetik gelegt. Zuletzt kommen die Speisen unter das Licht roter Lampen: Sie sollen es warm haben, bevor sie ihrem eigentlichen Zweck zugeführt werden. Wir wählten zu Beginn den lauwarmen Ziegenkäse auf Kräutersalat mit Aprikosensenf. Besonders Letzterer war eine echte kleine Entdeckung. Er ist zunächst ungemein fruchtig und entfaltet erst im Abgang seine Schärfe. In Kombination mit dem lauwarmen Ziegenkäse ist es eine köstliche Vorspeise. Als Hauptspeise wählen wir Geflügelbrust in der Parmesanhülle mit Tomatensauce und Spaghetti. Das Fleisch ist gut und erhält in Verbindung mit der Ummantelung sogar die entscheidende mediterrane Note. Die Nudeln tadellos. Dazu trinken wir ein Glas spritzigen deutschen Riesling, den »Charm« von Georg Breuer. Zuletzt verwöhnen wir unsere Gaumen mit Panna Cotta mit Aprikosenkompott. Serviert wird es mit einem filigranen karamelisierten Kunstwerk auf dem Sahnepudding. Das ist nicht nur optisch ein Meisterwerk. Unser Fazit: Essen im »Il Giardino« ist ein Genuss für die Sinne – und günstiger als erwartet. Zumindest, wenn man auf einen folgenden Casinobesuch verzichtet.

Im ersten Stock gelegen: das »Il Giardino«

Eine Perle an der Ostsee: das Casino Travemünde

42 Hamburg–Lübeck–Puttgarden

🚆 letzter Zug nach Oldenburg 23.31 Uhr, letzter Zug nach Lübeck: 23.23 Uhr

In Scharbeutz ist die Bahnhofstraße eine einzige Steigung. An deren Ende liegt das »Hotel Wennhof«, mit einem »Restaurant« auf der einen und der Bierstube »Der Kutscher« auf der anderen Seite. Während die Lobby des Hotels im englischen Landhausstil eingerichtet ist, strahlt das große Restaurant eher eine rustikale Gediegenheit aus. Obwohl wir gegen 15 Uhr kommen, arbeitet die Küche noch. Der Hotelbetrieb macht's möglich. Die Speisenkarte ist umfangreich und hält einige Besonderheiten bereit: z. B. hausgemachtes Sauerfleisch vom Hirsch oder ein doppeltes Filetsteak »Chateaubriand« (für 2 Personen).

Bei einer Fischkarte aus annähernd 20 Gerichten fällt einem die Wahl schwer. Wir entscheiden uns für das gebratene Rotbarschfilet auf Möhren-Lauchgemüse in Rahm und Salzkartoffeln. Als uns der Fisch vom überaus freundlichen Personal gebracht wird, sind wir überrascht: Der Rotbarsch ist tatsächlich bis zur Hälfte von der rosafarbenen Rahm-Sauce be-

Rustikale Gediegenheit im Restaurant »Wennhof«

Die schöne Lobby des Hotels

Scharbeutz

Hotel Restaurant Wennhof
Seestraße 62
(5 Minuten vom Bahnhof Scharbeutz entfernt)
23683 Scharbeutz

📞 0 45 03 - 3 52 80
🕐 täglich von 6.30 bis 22 Uhr; Zimmer: 35 (viele Angebote)

Hamburg–Lübeck–Puttgarden

deckt. Ganz klar, hier meint man es gut mit dem Gast. Der Fisch ist in Ordnung, das Möhren-Lauch-Gemüse ergänzt ihn tadellos. Die hausgemachte rote Grütze folgt bald. Sie überzeugt, schmeckt nicht zu süß, hat eine angenehm säuerliche Note. Dank Sauciere lässt sich die Vanille-Sauce schön portionieren.

Das nächste Mal sollten wir eine der saisonalen »Spezialitäten des Hauses« probieren, denken wir. Und in dem Moment zwinkert uns das Personal freundlich zu, so als wolle es signalisieren: Nur zu!

Neustadt

Ristorante Dolce Vita
Am Hafen 2 (10 Minuten vom Bahnhof Neustadt entfernt)
23730 Neustadt in Holstein
www.dolce-vita-neustadt.de

☏ 0 45 61 - 47 69
🕐 täglich 12 bis 14 Uhr und 17 bis 23 Uhr
🚆 letzter Zug nach Oldenburg 23.49 Uhr, letzter Zug nach Lübeck 23.08 Uhr

Der Speiseraum im Restaurant »Wennhof«

Dass der Italiener das süße Leben liebt, ist ein Klischee. Aber eines, das man oft bestätigt findet. »Dolce Vita«: das verspricht Leichtigkeit, Leidenschaft, Genuss. Und genau darauf hatten wir Lust. Unser Ziel liegt nur wenige hundert Meter vom Bahnhof Neustadt entfernt – direkt am Hafen. »Dolce Vita« prangt über dem Eingang an der Fassade des über 100 Jahre alten Backstein-Fachwerkbaus. Mit einem »Ciao« und einem Lächeln begrüßt uns der Patrone, der hinter der Theke Gläser putzt. Die Luft ist erfüllt von Adriano Ce-

»Dolce Vita« mit Biergarten

44 Hamburg–Lübeck–Puttgarden

Der beste Platz für eine Pizza

Blick auf den Neustädter Hafen

lentanos »Azzuro« und dem Duft einer frisch gebackenen Pizza. Im ersten Stock finden wir einen Tisch direkt an einem der großen Fenster. Es ist sicher einer der schönsten Plätze mit Blick auf den Hafen. Bene!

Die Karte des Ristorantes ist erwartungsgemäß: »Spaghetti mit Tomatensauce und Basilikum« gibt es für nicht einmal sieben Euro, die »Pizza Dolce Vita« wird mit Parmaschinken serviert. Wir bestellen den Vorspeisen-Teller mit Aubergine, grünem Spargel mit Parmesan, Tomate, grüner Paprika und Zucchini. Dazu gibt es Brötchen vom Pizzateig. Bis auf das Endivienblatt in der Mitte des Tellers sind wir mit allem ganz zufrieden. Mit der Hauptspeise erreichen wir Italien vollends: das »Saltin Bocca a la Romana« ist mit 16,40 Euro nicht gerade günstig, aber ein Genuss. Das Kalbfleisch schön dünn, der Parma-Schinken gut, der Salbei genau richtig portioniert. Bellisimo!

Beim anschließenden Espresso lassen wir unseren Blick schweifen. Wir entdecken einen lächelnden Pavarotti in Öl und einen Schrank mit exquisiten Rotweinen wie »Solaia« und »Tignanello«. Das aber wäre für heute zu viel des süßen Lebens – beschließen wir und bitten um die Rechnung. Das Lächeln beim Abschied gilt eindeutig nicht dem Trinkgeld, es gehört einfach dazu – zum »Dolce Vita«.

Kiel–Lübeck

Kiel–Lübeck

Kiel–Lübeck

Preetz	Akropolis
Ascheberg	Rhodos
Plön	Restaurant Stolz
Bad Malente	Dieksee-Terrassen
Eutin	Köpi-Stuben
Eutin	Le Bistro

Kiel–Lübeck 47

Preetz

Akropolis
Bahnhofstraße 26
(im Bahnhof Preetz)
24211 Preetz

- 0 43 42 - 30 85 36
- täglich ab 17 Uhr, samstags und sonntags auch 12 bis 14.30 Uhr
- letzter Zug nach Kiel 23.59 Uhr letzter Zug nach Lübeck 0.00 Uhr.

Wir merken gleich: In diesem Lokal ist man willkommen. So freundlich die Begrüßung ist, so zuvorkommend werden wir bedient. Und dass der Wirt beim Gläserabtrocknen leise singt, entspricht der Lebensfreude, die in der Karte ganz programmatisch formuliert ist:

»Das Essen ist für die Griechen nicht nur zum Sattwerden da«, lesen wir, und weiter: »gesellig wie alle Orientalen, ist das Mahl für ihn Grund, seine besten Freunde und seine Familie, am besten jedoch beide um sich zu versammeln ... Essen bedeutet Trinken, Essen und Trinken bedeutet Reden.« Im »Akropolis« ist der Raum voll davon.

Bahnhof Preetz mit »Akropolis«

Speiseraum mit Insel-Details

Kiel–Lübeck

Der schöne Ausschank im »Akropolis«

Die Speisenkarte ist lang. Sehr lang. Und wir entdecken einige Spezialitäten. Zum Beispiel »Lammfilet mit Metaxasauce«, »Haifischsteak gegrillt« oder »Xifias« (Schwertfischsteak). Wir bestellen zwei Klassiker: Gyros (8,90 Euro) und Suvlaki (8,80 Euro), dazu erbitten wir eine kleine Portion gebratene Peperoni mit Knoblauch. »Bringe ich eine halbe Portion«, lächelt die Wirtin Sofia (und auf der Rechnung steht später 1,50 Euro »Diverses«).

Das Gyros wird mit Pommes frites, Reis und Zaziki serviert. Das Fleisch ist ordentlich, das Zaziki zum Fingerablecken. Die Überraschung aber sind die Pommes frites. Ob es an den Kartoffeln liegt, am Fett oder an dem auf den Punkt genauen Frittieren – sie schmecken einfach vorzüglich! Das gegrillte Schweinefleisch des Suvlaki ist ebenfalls wirklich lecker. Und die Portionen sind so üppig, dass wir kurz vor dem Ende kapitulieren müssen. Der weiche Ouzo ist danach genau das Richtige. Unser Fazit: Wer Lust hat auf griechische Spezialitäten in einer angenehmen, gastfreundlichen Atmosphäre, der sollte unbedingt im Bahnhof Preetz aussteigen.

Ascheberg

Restaurant Rhodos
Bahnhofstraße 4
(gegenüber vom Bahnhof)
24326 Ascheberg
www.adregio.de/rhodos

📞 0 45 26 - 30 96 09
🕐 täglich 11.30 bis 14.30
   und 17 bis 23 Uhr,
   freitags und samstags bis
   24 Uhr
🚆 letzter Zug nach Kiel
   23.50 Uhr, letzter Zug
   nach Lübeck 0.09 Uhr

Rhodos liegt in der Ägäis – und Ascheberg am Plöner See. Dennoch hat auch die 5000-Seelen-Gemeinde etwas vom griechischen Inselgefühl: Pal-

Kiel–Lübeck

men sind es und eine Küche, in der »Choriatiko« und »Wunischo« aus dem Backofen serviert werden. Selbstverständlich sind die Palmen im »Rhodos« aus Plastik und das Lammfleisch kommt aus der Umgebung.

Doch sonst ist hier alles dem Namen entsprechend. An den Wänden hängen Ölbilder mit griechischen Küstenlandschaften, auf den Tischen stehen angeschlagene Krüge, die an antike Fundstücke erinnern, und über die Lautsprecher hören wir griechische Klänge.

»Wir möchten, dass Sie Griechenland und seine Mentalität kennen lernen« lesen wir auf der Karte von Familie Pappas und so machen wir uns auf die Reise. Eingestimmt werden wir durch einen der 26 verschiedenen offenen griechischen Weine und mit »Tiropitakia«, ein mit Schafkäse gefüllter Blätterteig (5 Euro), der durchaus pikant schmeckt. Das ebenfalls mit Schafkäse überbackene Lammfleisch – »Choriatiko« (11,50 Euro) – lässt uns das kulinarische Debakel des letzten Griechenland-Urlaubs beinahe vergessen, während das gar nicht so typische, aber zarte Rinderfiletsteak in Weißweinsauce mit Salat und Reis (14,90 Euro) statt mit roter und grüner Paprika mit einer Menge Champignons serviert wird. Aber darüber sehen wir einfach hinweg, zumal uns der folgende Ouzo an die ägäischen Son-

Speisen unter Palmen

Über drei Stufen nach Griechenland: das »Rhodos«

Geographisches Institut der Universität Kiel

Kiel–Lübeck

Christiane und Robert Stolz

Schönes Gourmet-Restaurant im alten Pastorat

nenuntergänge denken lässt. Rhodos in Ascheberg – das ist ein gastfreundlicher Ort, an dem man einfach gut isst.

Plön

Restaurant Stolz
Markt 24 (5 Minuten vom Bahnhof entfernt)
24306 Plön
www.restaurant-stolz.de

- 0 45 22 - 5 03 20
- dienstags bis sonntags 18 bis 24 Uhr; Sonn- und Feiertage: 12 bis 15 Uhr, montags: Ruhetag
  Zimmer: 5 (ab 70 Euro)
- letzter Zug nach Kiel 23.44 Uhr, letzter Zug nach Lübeck 0.15 Uhr

Was für eine Metamorphose: Aus dem alten verstaubten Pastorat der Stadt Plön haben Christiane und Robert Stolz eines der schönsten Restaurants Schleswig-Holsteins gemacht. »Ein gewaltiger Kraftakt war es«, sagt die Hausherrin – kein Zweifel. Aber einer, der sich gelohnt hat. Helle Farben und natürliche Materialien dominieren die liebevoll eingerichteten Räume. Ein klares, elegantes Ambiente. Von pastoraler Nachlässigkeit keine Spur mehr. Der Blick aus dem um 1900 errichteten Backsteingebäude geht auf der einen Seite weit hinaus auf den Plöner See, auf der anderen zur Nikolaikirche. Im ersten und zweiten Stock stehen Gästen, die über Nacht bleiben wollen, fünf schöne Zimmer zur Verfügung.

Wir sitzen an einem großzügigen runden Tisch direkt am Fenster – und können uns nicht entscheiden. Das Vier- oder Sechs-Gänge-Menü (45 bzw. 59 Euro)? Den Lachs oder die Entenbrust? Beim Wein vertrauen wir auf die Empfehlung des Service': Wir nehmen eine Flasche Chardonnay und Weißburgunder von Klaus Keller (Rheinhessen, 31 Euro), der sich als feiner, zart-fruchtiger Begleiter herausstellt.

Kiel–Lübeck 51

Die erste Überraschung des Abends ist ein Amuse gueule: Königsberger Klopse von feinster Konsistenz auf Kapernspinat. Sehr gut! Danach folgt ein auf den Punkt genau zubereitetes Steinpilzrisotto und die Currycremesuppe mit Flan vom Plöner Hecht. Bei Letzterer wird der Currygeschmack von einer leicht fruchtig-säuerlichen Ananasnote aufs Schönste ergänzt – und der Flan ist ein Gedicht. Man hat das Gefühl, als weite sich der Gaumen. Herrlich! Als Hauptspeise bringt die wie immer aufmerksame Christiane Stolz zum einen ein herrlich zartes Plöner Lamm mit einem harmonisch ergänzenden Tonkabohnenmousse, zum anderen Störfilet mit Limonenhaube auf geschmorten Vanille-Zwiebeln (23 Euro). Der Fisch ist in seinem leicht sauren Kräuter-Mantel perfekt aufgehoben und so etwas wie die Vanille-Zwiebeln haben wir noch nie gegessen. Hier kocht jemand mit regionalen Produkten anspruchsvoll, einfallsreich, kreativ. Wunderbar! Zum Espresso folgt der letzte, unerwartete Höhepunkt: hausgemachte Trüffel und süße Petits Fours. Ein würdiger Abschluss für einen rundum geglückten Abend.

Außen Backstein – innen kulinarische Höhepunkte

Kiel–Lübeck

Eine der schönsten Terrassen am Dieksee

Speisen mit Panoramablick

Bad Malente

Café Dieksee-Terrassen
Hindenburgallee 2
(gegenüber vom Bahnhof)
23714 Bad Malente-Gremsmühlen

- 0 45 23 - 22 53
- täglich 11.30 bis 22 Uhr (warme Küche von 11.30 bis 14 Uhr und 18 bis 21 Uhr); Betriebsferien in der Zeit vom 3. 11. bis 12. 12.
- letzter Zug nach Kiel 23.36 Uhr, letzter Zug nach Lübeck 0.24 Uhr

Es fällt schwer, sie links liegen zu lassen. Doch es muss sein. Denn der Weg in die Malenter »Dieksee-Terrassen« führt gleich hinter dem Eingang am Tortenbuffet entlang. Und die Auswahl an Torten ist groß, sehr groß. Annähernd 20 verschiedene zählen wir. Sie kommen alle aus eigener Herstellung. Wenn man irgendwo eine Tortenschlacht machen wollte, dann hier. Doch dazu später.

Im schönen, achteckigen Speisesaal bekommen wir einen Platz direkt am Fenster – mit Panoramablick auf den Dieksee. Um uns herum scheint die Zeit stillzustehen. Wir fühlen

Kiel–Lübeck

uns angenehm in die 60er Jahre versetzt, stellen fest, dass wir mit Abstand die Jüngsten unter den Gästen sind, und studieren die Speisekarte. Diese verspricht »Alles Matjes. Alles gut«. Also warum nicht? Wir bestellen »Matjes, skandinavisch mit Honig-Senf-Sauce, roten Zwiebeln und Bratkartoffeln« (8,50 Euro) und »Forelle blau mit zerlassener Butter, Sahne-Meerretich und Salzkartoffeln« (13 Euro). Letztere wird vom überaus freundlichen Service vor unseren Augen filetiert. Das sieht nicht nur schön aus – es steigert auch den anschließenden grätenfreien Genuss. Die Forelle schmeckt gut, der Matjes ist ganz ordentlich. Die Sauce vielleicht eine Spur zu süß. Doch wer Raffinement bei der Zubereitung der Speisen erwartet, geht nicht in die Dieksee-Terassen. Wer sich dagegen bei einem wunderbaren Ausblick eine der süßen hausgemachten Torten gönnen möchte, der ist hier genau am richtigen Ort. Und wer kann zu »Apfel-Maronen-Schnitte mit Marzipan-Füllung« schon Nein sagen?

Inhaberin Karola Hierlmeyer und Geschäftsführer Ernst Himsen

Viel zu schön für eine Tortenschlacht

Roter Teppich und aufmerksamer Service

54 Kiel–Lübeck

Inhaber Wolfgang Wiellhöft

Eutin

Köpi-Stuben
Gaststätte & Restaurant
Bahnhofstraße 23
(im Bahnhofsgebäude)
23701 Eutin

- ✆ 0 45 21 - 27 24
- 🕘 täglich 9 bis 21 Uhr, dienstags Ruhetag
- 🚆 letzter Zug nach Lübeck 0.29 Uhr, letzter Zug nach Kiel 23.30 Uhr

Speiseraum in den »Köpi-Stuben«

Der Unterschied zwischen einer Gaststätte und einem Restaurant ist manchmal schwer auszumachen. Jedes Restaurant sollte auch eine Gaststätte sein, doch nicht jede Gaststätte ist zugleich ein Restaurant. Oft liegt der Unterschied im Anspruch der Küche, häufig zeigt ein Restaurant ein etwas gehobeneres Ambiente. Die Köpi-Stuben im Bahnhof Eutin sind beides: Gaststätte und Restaurant. So steht es über dem Eingang und so haben wir es erlebt. Im Speiseraum direkt am Eingang ist es hell, die Tische sind liebevoll gedeckt, die Stühle schön bezogen. Im weitaus größeren Schankraum ist die Atmosphäre etwas rustikaler, an den Wänden hängen Fotos großer Feuerwehrfahrzeuge und ein Papagei beobachtet die Gäste. Da wir Glück haben mit dem Wetter, sitzen wir weder in dem einen noch im anderen Raum, sondern auf der schmalen Terrasse.

Eines ist schnell klar: Die Portionen in den Köpi-Stuben sind für Gäste mit gesundem Appetit. Dementsprechend üppig portioniert ist das »Schollenfilet in Eihülle gebraten auf Blattspinat, zerlassene Butter und Salzkartoffeln« (9,50 Euro). Der Fisch ist tadellos und grätenfrei, die hauchdünne Eihül-

… le eine harmonische Ergänzung. Selbstverständlich hätten wir auch statt der Salzkartoffeln Pommes frites oder Bratkartoffeln haben können. »Sonderwünsche erfüllen wir gerne«, sagt der freundliche Wolfgang Wiellhöft, der die Köpi-Stuben seit fünf Jahren betreibt. Die Schwerpunkte der Küche kommen eindeutig »aus Flüssen und Meeren«. Brathering ist im Angebot, Aalrauchmatjes und Seelachs, Thunfisch und Steinbeißer, Heilbutt und Scholle, Atlantikseezunge und Forelle. Daneben fallen uns einige Wildspezialitäten auf und die Schweinemedaillons, die als Stammessen heute nur fünf Euro kosten. Kein Zweifel: Die Köpi-Stuben bieten eine preiswerte »gutbürgerliche Küche« – mit Anspruch. Für den einen oder anderen geht es sogar darüber hinaus. »Es ist für uns immer wie ein kleines Fest«, hören wir das Lob von Stammgästen am Nebentisch. Wolfgang Wiellhöft nickt und lächelt. Was soll man da schon hinzusetzen?

Eutin

Restaurant Le Bistro
Lübecker Landstraße 36 (15 Minuten vom Bahnhof Eutin) (Eingang: L'Etoile)
TAC
Lübecker Landstraße 55 (gegenüber vom L'Etoile)
23701 Eutin
www.letoile.de

- 0 45 21 - 70 28-61
- Mittagsbüffet mittwochs bis samstags 12 bis 14.30 Uhr; Sonntagsbrunch ab 11 Uhr; Zimmer: 5 im Gästehaus L'Etoile und 3 im Gästehaus Le Bistro (Tel. 0 45 21 - 70 28 70)

Inhaber und Küchenchef Klaus Heidel hat gegenüber vom »Le Bistro« jüngst das »TAC« eröffnet. Das, was für das »Le Bistro« gilt, wird auch im »TAC« um- und vorgesetzt: eine Bistroküche von hervorragender Qualität

Herrlich: die Topfenknödel auf Zwetschgenröster

Kiel–Lübeck

Ein Eingang – zwei Restaurants: das »L'Etoile« und das »Le Bistro«

🚆 letzter Zug nach Lübeck 0.29 Uhr, letzter Zug nach Kiel 23.30 Uhr

Es gibt Wege, die sind länger als angenommen. Am Telefon war von 10 Minuten die Rede gewesen. Wir benötigten dann fünf Minuten länger vom Bahnhof Eutin über den schmalen Bahnhofsgang und die Lübecker Landstraße zum »Le Bistro«. Ein kurzer Spaziergang, aber unser Appetit ließ ihn länger erscheinen. Doch wir wollten unbedingt wissen, was dran ist am kleinen Pendant zum großen »L'Etoile«. Der erste Eindruck: rustikal und dennoch elegant, Ledersessel auf der einen Seite, gusseiserne Stühle auf der anderen, frische Farben auf den Tischen – und ein Baum mitten im Restaurant. Hier also kochen Klaus Heidel und sein Team eine »romantische Weltküche«. Wir sind gespannt.

Beim Blick in die Karte zeigt sich die Küche als italienisch-französischer Mix mit Holsteiner Akzenten. Es gibt z. B. »Hausgemachte Ravioli mit Steinpilzfüllung« (10 Euro), »Loup de mer im Ganzen gebraten mit Pestofüllung auf Kartoffel-Pilzragout« (17 Euro) oder »1/2 Holsteiner Ente mit Rotkohl und Semmelknödel« (15 Euro). Als wir bestellen wollen, macht uns Restaurantleiter Christian Waidmann auf das Mittags-Buffet aufmerksam. Für 8 Euro schlemmen so viel man möchte. Keine Frage, da sind wir dabei! Bereits beim Salat finden wir etwas außerordentlich Feines und Leckeres: den Möhrensalat mit Nussöl und Rahmessig. Als nächsten Gang holen wir uns eine klare Steckrübensuppe mit vielen Kräutern. Und die ist einfach gut! Das Paprikahuhn als Hauptspeise schmeckt zart und saftig. Ebenso wie das Fleisch ist die Sauce eher pikant als scharf, und sie macht Lust auf mehr. Am Ende lassen wir uns daher doch noch von Christian Waidmanns Schmäh verführen und bestellen die »Topfenknödel auf Zwetschgenröster und Vanilleeis« (9 Euro). Und was sagen wir dazu? Wunderbar! Nur einmal haben wir besser gegessen, in Wien – und das ist sehr weit weg. Das »Le Bistro« hingegen liegt nah und ist mehr als eine Reise wert. Und auf ein paar Minuten mehr kommt es da nicht an.

Kiel–Flensburg

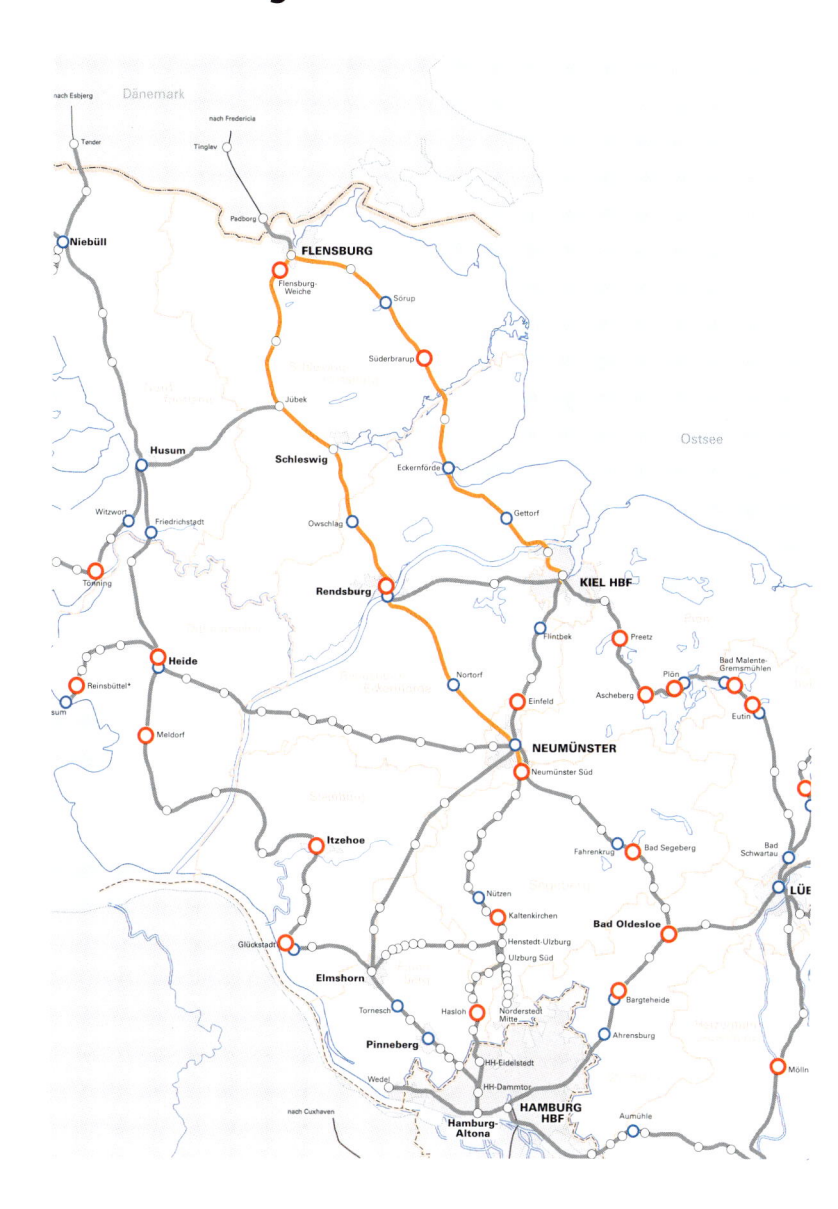

Kiel–Flensburg

mit Neumünster–Flensburg

Kiel–Flensburg

Süderbrarup   Hamester's Hotel Restaurant

Neumünster–Flensburg

Rendsburg   Casa Biutelli
Flensburg Weiche   China-Restaurant Pazific

Kiel–Flensburg

Rendsburg

Casa Biutelli – Paninotec
Altstädter Markt 13 (10 Minuten vom Bahnhof Rendsburg)
24768 Rendsburg

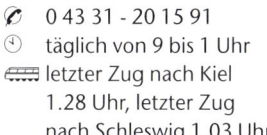

- 0 43 31 - 20 15 91
- täglich von 9 bis 1 Uhr
- letzter Zug nach Kiel 1.28 Uhr, letzter Zug nach Schleswig 1.03 Uhr, letzter Zug nach Neumünster 23.57 Uhr

Das »Casa Biutelli« war die Empfehlung eines Freundes. »Gute Pasta«, sagte er, »und nur ein paar Minuten vom Bahnhof entfernt«. Da wir mit Empfehlungen meist gut gefahren sind, machen wir uns nach Rendsburg auf den Weg. Vom Bahnhof aus gehen wir unter der Unterführung hindurch Richtung Innenstadt. Das Stadttheater lassen wir rechts liegen und stoßen nach gut 200 Metern auf den Altstädter Markt, an dem der Italiener liegt. Genauer gesagt, handelt es sich um drei zusammengehörige Lokalitäten: die Paninotec, das Ristorante und die Pizzeria. Wir entscheiden uns für Erstere und bekommen einen Tisch mit Aussicht direkt auf den Marktplatz. Die Paninotec hat einen Eistresen mit Straßenverkauf und eine wunderschöne große Theke. Blickfang ist außerdem die lange,

Durchgang zum Ristorante und zur Pizzeria

Mit Blick auf den Altstädter Markt: die Paninotec

Kiel–Flensburg

Das Ambiente einer Espresso-Bar

rote, gepolsterte Bank und ein alter Schrank mit »Alimentari«. Ein wenig erinnert das geschmackvoll eingerichtete Lokal an eine der zahllosen Espresso-Bars in Rom oder Mailand, denken wir, und hören auch schon – wie zur Bestätigung – den italienischen Tenor aus den Lautsprechern. Beflügelt von der mediterranen Atmosphäre bestellen wir »Tortelloni di Magio – gefüllte Teigtaschen mit Ricotta und Spinat in Butter-Salbei-Sauce« (8,30 Euro) und »Champignonpfanne mit Olivenöl, Weißwein, Knoblauch und Petersilie« (6,40 Euro).

Bei den Pasta schmeckt man gleich, dass sie al dente und hausgemacht sind. Und die Ricotta-Spinatfüllung ist einfach eine wunderbare Kombination. Und die Pilze? Die sind schneller weg als die Teigtaschen (und der Knoblauch hielt sich in Grenzen). Bei der Auswahl des Desserts schwanken wir zunächst zwischen einem Stück der hausgemachten Torte (je 2,60 Euro) oder einem Eis. Da das Wetter so schön ist, wählen wir Letzteres und setzen uns noch etwas in die Sonne auf den Altstädter Marktplatz. Und was soll man schreiben? Genau in diesem Moment intonieren die 18 Glocken des Rendsburger Glockenspiels eine Melodie. So viel Glück an einem Tag ist selten. Und wunderbar.

Süderbrarup

Hamester's Hotel-Restaurant
Bahnhofstraße 26 (gegenüber vom Bahnhof Süderbrarup)
24392 Süderbrarup
www.hamester.de

Blick ins Ristorante

Kiel–Flensburg

- ✆ 0 46 41 - 9 29 10
- ⏲ täglich von 12 bis 14 Uhr und 18 bis 22 Uhr, dienstags Ruhetag
  Zimmer: 10 (ab 41 Euro)
- 🚆 letzter Zug nach Flensburg 23.27 Uhr, letzter Zug nach Kiel 23.48 Uhr

Schräg gegenüber vom Bahnhof: »Hamester's Restaurant«

Nur wenige Schritte sind es vom Bahnhof Süderbrarup zu »Hamester's Hotel-Restaurant«. Wäre das Wetter schön, so würden wir im Freien, auf der kleinen Terrasse, essen. Stattdessen setzen wir uns ins Warme direkt ans Fenster. Eine frische Blume steht auf jedem Tisch. Der Speiseraum ist angenehm hell und wird von einem Beige-Grün-Mix dominiert. Das trifft zwar nicht gerade unseren Geschmack, aber die anderen Gäste scheinen sich hier sehr wohl zu fühlen. Vielleicht liegt es ja am Service, vermuten wir, denn der ist ausgesprochen aufmerksam und hilfsbereit.

Aus der Tageskarte empfiehlt er das Rehrückenfilet rosa gebraten auf Johannisbeersauce mit frischen Champignons, gefüllter Birne, Apfelrotkohl und Birnenkartoffeln. Wir entscheiden uns jeweils für eine halbe Portion für 11,50 Euro. Dazu trinken wir einen kräftigen halbtrockenen Badischen Spätburgunder von Karl Karle. Vorweg nehmen wir das Matjestartar auf lauwarmem Winterapfel, das uns schlagartig für die Küche einnimmt. Das Rehrückenfilet bestätigt den ersten Eindruck: Es schmeckt vorzüglich. Die Produkte sind frisch, auf den Punkt gebraten bzw. gekocht, gut aufeinander abgestimmt und sie bergen sogar ein Überraschungsmoment: die Johannisbeersauce. Die passt wunderbar zum

Große Tafel im kleinen Saal

Kiel–Flensburg

Platz vor dem Ausschank im »Hamester's«

Fleisch, und die Sauciere hält genug Nachschub bereit. Am Nebentisch hören wir eine Dame seufzen: »Schade, dass man irgendwann satt wird!« Dem ist nichts hinzuzufügen.

Flensburg-Weiche

China-Restaurant Pazific
Ochsenweg 39 (am Bahnhof)
24941 Flensburg-Weiche

- 04 61 - 9 12 88
- täglich von 12 bis 15 Uhr und 17 bis 2 Uhr.
  Besonderheiten: wochentags Mittagstisch für 6 bis 7,50 Euro

letzter Zug nach Schleswig 23.08 Uhr, letzter Zug nach Flensburg 23.49 Uhr

Das »Pazific« am Bahnhof Flensburg-Weiche ist ein schönes Beispiel chinesischer Gastlichkeit und Küchenkultur – nicht zu vergessen typischer Raum- und Klangästhetik. Der erste Eindruck: entspannende asiatische Musik, ein kleiner Teich mit Fischen, eine Decke aus Spiegel-Mosaiken, Rosen auf den Tischen. Eine schöne Atmosphäre für ein Mittagessen. Vor Beginn der Mahlzeit wird ein Bambuscocktail gereicht, ein Guavesaft mit etwas Alkohol, der ein angenehmer Appetitanreger ist. Statt der

Der schöne Speiseraum im »Pazific«

Kiel–Flensburg 63

zunächst favorisierten »Haifischflossen-Suppe« probieren wir als Vorspeise die »Gebackenen Wan-Tan in süß-saurer Sauce« und sind – zufrieden. Aus der erwartet großen Speisenkarte wählen wir als Hauptgerichte das »Knusprige Huhn mit frischem Gemüse und Hoi-Sin-Sauce auf heißer Platte serviert« und die »Knusprige Ente à la Peking, scharf« (13,50 Euro). Allein die Anrichtung der Speisen durch den sehr freundlichen Service ist die Einkehr wert: es zischt und brutzelt in den kleinen Pfannen, dass es eine Freude ist. Die Hoi-Sin-Sauce zum Huhn ist ein pikant-scharfer Barbecue-Bohnen-Mix und trifft voll unseren Geschmack. Besonders angetan sind wir allerdings von der Ente. Ein so wunderbar zartes, wohl schmeckendes und kaum fettiges Fleisch haben wir selten gegessen. Vermutlich liegt das Geheimnis in der Zubereitung. Die beginnt für die Peking-Ente mit einer 24-stündigen Einlegezeit. Danach wird sie aufgeblasen und mit Honig, Reisschnaps und Reiswein übergossen und schließlich einen weiteren Tag aufgehängt, damit das Fett zwischen Haut und Fleisch abtropfen kann. Das Ergebnis ist vorzüglich. Als wir mit dem Schmausen zu Ende sind, weht vom Nachbartisch ein Satz herüber, der uns irritiert und dennoch in unserer Wahl des Tages bestätigt. »Fisch ist keine Ente«, hören wir von dort. Wie wahr! Und wir sind ganz in der Stimmung zu ergänzen: Ente gut, alles gut.

Kleine kulinarische Kunstwerke von zarter Hand

Chinesische Raumästhetik im »Pazific«

Kulinarische Adressen

Ahrensburg
Restaurant und Bar »Meyerhoff«
Bahnhofstr. 9 (im Bahnhof)
22926 Ahrensburg
Tel. 0 41 02 - 20 80 58
www.restaurant-bar-meyerhoff.de
Öffnungszeiten:
täglich 10–1 Uhr, freitags und samstags 10– 2 Uhr, sonntags 10–24 Uhr, täglich Mittagstisch

Ahrensburg
Taverne Rigani
Stormarnstraße 13
(gegenüber vom Bahnhof)
22926 Ahrensburg
Tel. 0 41 02 - 66 69 69
www.rigani.de
Öffnungszeiten: montags bis freitags 17.30–0.30 Uhr, samstags 12.30–15 Uhr und 17.30–1 Uhr, sonntags 12.30–24 Uhr
Besonderheiten: griechische und zypriotische Spezialitäten

Ahrensburg
Imbiss am Bahnhof Ahrensburg
Stormarnstraße 7
(gegenüber vom Bahnhof)
22926 Ahrensburg
Tel. 0 41 02 - 5 24 45
Öffnungszeiten:
täglich 11–21 Uhr,
sonntags 10–20 Uhr

Ascheberg
Restaurant Rhodos
Bahnhofstraße 4
(gegenüber vom Bahnhof)
24326 Ascheberg
Tel. 0 45 26 - 30 96 09
www.adregio.de/rhodos
Öffnungszeiten:
täglich 11.30–14.30 und 17–23 Uhr, freitag und samstags bis 24 Uhr

Aumühle
Harlekin
Bahnhofstr. 2
(am Bahnhof)
21521 Aumühle
Tel. 0 41 04 - 69 54 79
Öffnungszeiten:
täglich 10–1 Uhr

Bad Malente
Café Dieksee-Terrassen
Hindenburgallee 2
(gegenüber vom Bahnhof)
23714 Bad Malente-Gremsmühlen
Tel. 0 45 23 - 22 53

Café »Dieksee-Terrassen«: im schönen, achteckigen Speisesaal

Kulinarische Adressen

Öffnungszeiten:
täglich 11.30–22 Uhr (warme Küche von 11.30–14 und 18–21 Uhr)
Betriebsferien in der Zeit vom 3.11. bis 12.12.

Bad Malente
China-Restaurant Goldener Drache
Bahnhofstr. 2 (am Bahnhof)
23714 Bad Malente-Gremsmühlen
Tel. 0 45 23 - 20 28 64
Öffnungszeiten:
dienstags bis sonntags
11.30–15 und 17.30–23 Uhr
Besonderheiten: Mittagstisch für fünf Euro

Bad Oldesloe
Köz 1 – Das Grillhaus im Hauptbahnhof
Käthe-Kollwitz-Straße 8
23843 Bad Oldesloe
Tel. 0 45 31 - 67 05 97
Öffnungszeiten: täglich
11–23 Uhr, samstags 12–24 Uhr, sonntags 13–22 Uhr

Bad Schwartau
Gaststätte Marienholm
Kaltenhöfer Str.1
(gegenüber vom Bahnhof)
23611 Bad Schwartau
Tel. 04 51 - 2 19 44
Öffnungszeiten: täglich ab 11 Uhr; montags Ruhetag

Zum kulinarischen Ausspannen ins »Utspann«

Bad Segeberg
Bahnhof
Bahnhofstr. 20 (3 Minuten vom Bahnhof Bad Segeberg)
23795 Bad Segeberg
Tel. 04 55 - 9 13 63
Öffnungszeiten:
täglich ab 18 Uhr

Bargteheide
Kiosk im Bahnhof
22941 Bargteheide
Öffnungszeiten:
montags bis freitags
5.30–20 Uhr, samstags 7–18 Uhr, sonntags 8–18 Uhr

Bargtehheide
Utspann
Hamburger Str. 1
(10 Minuten vom Bahnhof)
22941 Bargteheide
Tel. 0 45 32 - 62 20
Öffnungszeiten:
dienstags bis sonntags ab 18

Kulinarische Adressen

Aller guten Dinge sind drei – im Einfelder Bahnhof

Uhr, samstags und sonntags auch Mittagstisch, sonntags von 11–15 Uhr Brunch

Büchen
Kiosk mit Imbiss
Bahnhof Büchen
21514 Büchen
Öffnungszeiten:
täglich tagsüber

Büsum
Regio-Store im Bahnhof
25746 Büsum
Tel. 0 48 34 - 93 80 84
Öffnungszeiten:
montags bis samstags 7–18 Uhr, sonntags 8–16 Uhr

Eckernförde
Mega-Store im Bahnhof
24340 Eckernförde
Tel. 0 43 51 - 7 26 26
Öffnungszeiten:
montags bis freitags 5.30–20.30 Uhr (Bistrobetrieb bis 19.45 Uhr), samstags 6–20 Uhr, sonntags 9–20 Uhr
Besonderheiten: Internet-Café

Einfeld
Einfelder Bahnhof
Einfelder Schanze 3
(am Bahnhof)
24536 Neumünster
Tel. 0 43 21 - 95 38 53
Öffnungszeiten: dienstags bis samstags 12–15 Uhr und 18–22.30 Uhr, sonntags 12–22.30 Uhr

Eutin
Steakhaus
Bahnhofstraße 28
(gegenüber vom Bahnhof)
23701 Eutin
Tel. 0 45 21 - 83 03 36
Öffnungszeiten:
täglich ab 17 Uhr
mittwochs Ruhetag

Kulinarische Adressen 67

Eutin
Köpi-Stuben
Gaststätte & Restaurant
Bahnhofstraße 23
(im Bahnhofsgebäude)
Tel. 0 45 21 - 27 24
Öffnungszeiten: täglich
9–21 Uhr, dienstags Ruhetag

Eutin
**Le Bistro im L'Etoile
und TAC**
Lübecker Landstraße 36
(Eingang: L'Etoile, TAC auf der
anderen Straßenseite,
15 Minuten vom Bahnhof)
23701 Eutin
Tel. 0 45 21 - 70 28-61
www.eutiner-sterne.de
Öffnungszeiten:
Mittagsbüffet mittwochs–
samstags 12–14.30 Uhr,
Sonntagsbrunch ab 11 Uhr

Fahrenkrug
Kiek in (im Bahnhof)
Kiosk, Imbiss und Pinte
Wahlstedter Str. 1A
23759 Wahlstedt
Tel. 0 45 51 - 30 41 63
Öffnungszeiten:
täglich 10.30–24 Uhr
Besonderheiten: Riesencurry-
wurst für 2,30 Euro

Flensburg-Weiche
China-Restaurant Pazific
Ochsenweg 39 (am Bahnhof)
24941 Flensburg-Weiche
Tel. 04 61 - 9 12 88
Öffnungszeiten:
täglich 12–15 Uhr und
17.30–24 Uhr
Besonderheiten:
wochentags Mittagstisch für
6–7,50 Euro

Flintbek
Flintbeker Bahnhof
Brückenstr. 1
(im Bahnhof Flintbek)
24220 Flintbek
Tel. 04347 - 2766
Öffnungszeiten:
täglich 19 Uhr bis open end

Friedrichstadt
Restaurant Samos
Bahnhofstr. 1 (2 Minuten vom
Bahnhof Friedrichstadt)
25840 Friedrichstadt
Tel. 0 48 81 - 78 68
Öffnungszeiten:
täglich ab 17 Uhr

*Fernöstliches Detail
im »Pazific«*

Kulinarische Adressen

Für Groß und Klein: »Haslohs Familienlokal«

Gettorf
Bi Molle Bahnhofsgaststätte
24214 Gettorf
Tel. 0 43 46 - 43 65
Öffnungszeiten:
täglich ab 9 Uhr
Besonderheiten: gute Haxe mit Krautsalat

Glückstadt
Der kleine Heinrich
Am Markt 2 (8 Minuten vom Bahnhof Glückstadt)
25348 Glückstadt
Tel. 0 41 24 - 36 36
Öffnungszeiten:
täglich 11.30–23 Uhr

Glückstadt
Restaurant Elsner
Bahnhofstr. 32 (2 Minuten vom Bahnhof Glückstadt)
25348 Glückstadt
Tel. 0 41 24 - 21 48
Öffnungszeiten:
täglich 16.30–24 Uhr

Hasloh
Haslohs Familienlokal
Ladestraße 2
(direkt am Bahnhof Hasloh)
25474 Hasloh
Tel. 0 41 06 - 65 21 30
Öffnungszeiten:
montags bis freitags 11–14 und 17–22 Uhr, samstags und sonntags 12–23 Uhr

Heide
Kotthaus Restaurant Am Kamin
Rüsdorfer Straße 3
(gegenüber dem Bahnhof)
25746 Heide
Telefon: 04 81 - 85 09 80
Öffnungszeiten:
täglich 18–22 Uhr

Husum
Unser Bistro
25813 Husum
Tel. 0 48 41 - 48 11
Öffnungszeiten: montags bis donnerstags 5.30–18.30 Uhr, freitags 5.30–19 Uhr, samstags 6.30–18.30 Uhr, sonntags 7.30–20 Uhr

Husum
Café de Ville
Poggenburgstr. 11a (gegenüber vom Bahnhof)

Kulinarische Adressen

25813 Husum
Tel. 0 48 41 - 87 22 47
Öffnungszeiten: täglich
8.30–18 Uhr, Mittagstisch
12–14 Uhr
Besonderheiten: gutes
Angebot an Pfannkuchen

Itzehoe
Gockelerie
Bahnhofstraße 32
(im Bahnhof)
25524 Itzehoe
Tel. 0 48 21 - 6 30 00
Öffnungszeiten:
täglich 11–23 Uhr

Kaltenkirchen
La Botte
Hamburger Straße 75
(2 Minuten vom Bahnhof)
24568 Kaltenkirchen
Tel. 0 41 91 - 41 44
www.LaBotte.de
Öffnungszeiten: täglich
12–15 und 18–24 Uhr

Keitum/Sylt
Zum kleinen Friesen
Restaurant – Bierstube – Kiosk
Bahnhofstr. 37
(Am Bahnhof Keitum)
25980 Keitum
Tel. 0 46 51 - 3 15 05
Öffnungszeiten:
täglich 12.30–14.30 Uhr,
17.30–21.30 Uhr,
im Winter 15–21 Uhr

Kiel
Kaiserstube
Sophienblatt 25–27
(im Bahnhof Kiel)
24103 Kiel
Tel. 04 31 - 2 37 23 90
Öffnungszeiten:
täglich 8–24 Uhr

Klanxbüll
Kiosk und Imbiss am Bahnhof
Bahnhofstr. 3
25924 Klanxbüll
Tel. 0 46 68 - 95 91 35
Öffnungszeiten: montags bis
donnerstags 6.30–14.30 und
17–21 Uhr, freitags 6.30–21
Uhr, samstags 7.30–21 Uhr
sonntags 9.30–21 Uhr
Besonderheiten: mehrere
Hamburger

Klanxbüll
Klanxbüller Stube
Bahnhofstr. 1a (neben dem
Bahnhof Klanxbüll)

Feines Gedeck

Kulinarische Adressen

25924 Klanxbüll
Tel. 0 46 68 - 12 52
www.klanxbueller-stube.de
Öffnungszeiten:
täglich 10–13.30 Uhr und
17.30–23 Uhr

Lübeck
Ali's Futterkrippe
Lindenplatz (5 Minuten vom
Bahnhof Lübeck Hbf)
23554 Lübeck
Tel. 04 51 - 86 16 29
Öffnungszeiten:
täglich 11–13 Uhr, donners-
tags bis samstags bis 14 Uhr

**Lübeck-Travemünde
Hafen**
Alter Bahnhof 1913
Vogteistraße 13 (im Bahnhof
Travemünde-Hafen)
23570 Travemünde
Tel. 0 45 02 - 77 73 10

www.alterbahnhof1913.de
Öffnungszeiten: montags bis
freitags ab 11.30 Uhr, samstags ab 12 Uhr, sonntags ab
10 Uhr (bis 14 Uhr Brunch)

**Lübeck-Travemünde
Strand**
**China-Restaurant
Ming Garden**
Bertlingstr. 21 (am Bahnhof)
23570 Lübeck-Travemünde
Tel. 0 45 02 - 46 04
Öffnungszeiten:
täglich 11.30–23.30 Uhr

**Lübeck-Travemünde
Strand**
**Il Giardino im Hotel
»Vier Jahreszeiten
Casino Travemünde«**
Kaiserallee 2
(5 Minuten vom Bahnhof)
23570 Lübeck-Travemünde

*Hinter dem Sitz das
Eisenbahnmodell:
»Alter Bahnhof
1913«*

Kulinarische Adressen 71

Großzügig, hell und freundlich – Imbiss, Bistro und Kiosk »Express«

Tel. 0 45 02 - 3 08-382
Öffnungszeiten: täglich ab
6.30 Uhr (Hotelbetrieb),
sonntags Brunch 10 –15 Uhr

Meldorf
Express
(Imbiss, Bistro, Kiosk)
Am Bahnhof 5 (im Bahnhof)
25704 Meldorf
Tel. 0 48 32 - 97 85 15
Öffnungszeiten:
montags bis freitags 9–18.30
Uhr, sonntags 11–19 Uhr,

Mölln
Ratskeller
Am Markt 12 (10 Minuten
vom Bahnhof entfernt)
23879 Mölln
Tel. 0 45 42 - 70 90
Öffnungszeiten:
täglich 11.30–22 Uhr

Neumünster
Baxx
Bahnhofstraße 2
(im Bahnhof Neumünster)
24534 Neumünster
Tel. 0 43 21 - 48 95 74
Öffnungszeiten:
täglich ab 10 Uhr

Neumünster
Café Ritazza
Bahnhofstraße 2
(im Bahnhof Neumünster)
24534 Neumünster
Tel. 0 43 21 - 48 95 75
Öffnungszeiten:
montags bis freitags 6–13 Uhr

Neumünster-Süd
Südbahnhof
(direkt am Bahnhof)
Altonaer Straße 131
24539 Neumünster
Tel. 0 43 21 - 8 44 98
Öffnungszeiten: montags bis
freitags 11.30 bis 23 Uhr,
samstags 9.30–24 Uhr,
sonntags 9–23 Uhr, im Sommer längere Öffnungszeiten

Kulinarische Adressen

Das »Dolce Vita« in Neustadt

Niebüll
Schnellrestaurant »Am Wasserturm«
im Bahnhof Niebüll
25899 Niebüll
Tel: 0 46 61 - 89 57
Öffnungszeiten:
dienstags bis samstags 11–20 Uhr, sonntags 11–20.30 Uhr

Nortorf
Zur Bahnhofsgaststätte
Bahnhofstr. 19 (direkt am Bahnhof Nortorf)
24589 Nortorf
Tel. 0 43 92 - 32 14
Öffnungszeiten: täglich ab 10 Uhr bis open end

Nützen
Thietje's Gasthof
Bahnhofstraße 18 (2 Minuten vom Bahnhof Nützen)
24568 Nützen
Tel. 0 41 91 - 22 59
Öffnungszeiten:
montags bis freitags ab 17 Uhr, samstags und sonntags ab 11 Uhr bis open end

Neustadt
Kiosk am ZOB/Bahnhof
23730 Neustadt/Holstein
Öffnungszeiten: montags bis freitags 7–19 Uhr, samstags 8–13 Uhr, im Sommer längere Öffnungszeiten
Besonderheiten:
gute Brötchenkarte

Neustadt
Ristorante Dolce Vita
Am Hafen 2
(8 Minuten vom Bahnhof)
23730 Neustadt/Holstein
Tel. 0 45 61 - 47 69
www.dolce-vita-neustadt.de
Öffnungszeiten:
täglich 12–14 und 17–23 Uhr

Oldenburg/Holstein
Kiosk im Bahnhof
23758 Oldenburg/Holstein
Öffnungszeiten: montags bis freitags 6–12 und 14–19 Uhr, mittwochs nur vormittags, samstags 6–12 und 14–15.15 Uhr, sonntags 6–12 und 14–15.30 Uhr

Kulinarische Adressen

Owschlag
Grill am Bahnhof
An der Post 999
24811 Owschlag
Tel. 0 43 36 - 14 43
Öffnungszeiten: dienstags bis sonntags 17–21 Uhr

Pinneberg
Grillstation am Bahnhof
Bahnhofstraße 3a
(2 Minuten vom Bahnhof Pinneberg)
25421 Pinneberg
Tel. 0 41 01 - 85 93 15
Öffnungszeiten:
montags bis freitags 10–22 Uhr, sonnabends und sonntags 11–22 Uhr

Plön
Imbiss am Bahnhof Plön
24306 Plön
Öffnungszeiten:
täglich 6.30–19 Uhr.
Besonderheiten: Pferdebockwurst

Plön
Restaurant Stolz
Markt 24
(5 Minuten vom Bahnhof)
24306 Plön
Tel. 0 45 22 - 5 03 20
www.restaurant-stolz.de
Öffnungszeiten:
dienstags bis sonntags 18–24 Uhr, sonn- und feiertags: 12–15 Uhr

Preetz
Akropolis
Bahnhofstraße 26
(im Bahnhof)
24211 Preetz
Tel. 0 43 42 - 30 85 36
Öffnungszeiten:
täglich ab 17 Uhr,
samstags und sonntags auch 12–14.30 Uhr

Puttgarden
Eis-, Süßigkeiten- und Getränke-Automat
im Bahnhof Puttgarden
23769 Puttgarden

Reinsbüttel
Gasthof Leesch
Dorfstraße 14
(5 Minuten vom Bahnhof)
25764 Reinsbüttel
Tel. 0 48 33 - 22 89
www.leesch.reinsbuettel.de

Gedeckte Tafel im »Restaurant Stolz«

Kulinarische Adressen

*Einen Zwischen-
stopp wert:
Reinsbüttel mit
Gasthof Leesch*

Öffnungszeiten:
dienstags bis sonntags 12–15
und 17–22 Uhr.

Rendsburg
Asia Bistro
Am Bahnhof 20
(neben dem Bahnhof)
24786 Rendsburg
Tel. 0 43 31 - 44 75 99
Öffnungszeiten:
täglich 10–22 Uhr
Mittagstisch 10–14 Uhr

Rendsburg
Grill am Bahnhof
24768 Rendsburg
Tel. 0 43 31 - 2 84 08
Öffnungszeiten:
täglich ab 9.30 Uhr,
sonntags ab 10 Uhr

Rendsburg
Casa Biutelli – Paninotec
Altstädter Markt 13 (10 Minu-
ten vom Bahnhof Rendsburg)

24768 Rendsburg
Tel. 0 43 31 - 20 15 91
Öffnungszeiten:
täglich 9–1 Uhr

Scharbeutz
Restaurant Wennhof
Seestraße 62
(5 Minuten vom Bahnhof)
23683 Scharbeutz
Tel. 0 45 03 - 3 52 80
Öffnungszeiten:
täglich 6.30–22 Uhr

Sörup
Taverna Samos
Bahnhofstr. 1
(gegenüber vom Bahnhof)
24966 Sörup
Tel. 0 46 35 - 17 77
Öffnungszeiten: täglich
17–23 Uhr, sonntags 12–14
und 17–23 Uhr
Besonderheiten: donnerstags,
freitags und samstags
20.30–22 Uhr Happy Hour

Süderbrarup
**Hamester's
Hotel-Restaurant**
Bahnhofstraße 26 (gegenüber
vom Bahnhof)
24392 Süderbrarup
Tel. 0 46 41 - 9 29 10
www.hamesters.de
Öffnungszeiten:
täglich 12–14 Uhr und
18–22 Uhr, dienstags
Ruhetag

Kulinarische Adressen 75

Timmendorfer Strand
**Bistro Express Café –
Biergarten – Kiosk**
Am Bahnhof 6A (im Bahnhof)
23669 Timmendorfer Strand
Tel. 0 45 03 - 89 82 62
Öffnungszeiten: täglich
6.30–mindestens 22 Uhr

Tönning
Restaurant Windrose
Westerstr. 21 (gegenüber
vom Bahnhof)
25832 Tönning

Tel: 0 48 61–90 90
www.miramar-hotel.de
durchgehend geöffnet

Tornesch
Mr. T.'s Döner und Pizza
Bahnhofsplatz 4
(direkt am Bahnhof Tornesch)
25436 Tornesch
Tel. 0 41 22 - 96 00 48
Öffnungszeiten:
montags bis freitags
10–22.30, samstags und
sonntags 11 bis 23 Uhr

*Das »Casa Biutelli«
in Rendsburg*

Kulinarische Adressen

Westerland/Sylt
**Bistro Sylt Entrée
im Bahnhof**
25980 Westerland/Sylt
Tel. 0 46 51 - 92 93 14
Öffnungszeiten:
montags bis freitags 8.30–22
Uhr, samstags und sonntags
8–19 Uhr, im Winter kürzere
Öffnungszeiten

Westerland/Sylt
Mariso
Paulstraße 10
(5 Minuten vom Bahnhof)
25980 Westerland/Sylt
Tel. 0 46 51 - 29 97 11
www.mariso.de
Öffnungszeiten:
von Pfingsten bis Ende Oktober ab 12 Uhr, im Winter
17–23 Uhr

Witzwort
Eiderstedter Hof
Siethwende 4
(am Haltepunkt)
25889 Witzwort
Tel. 0 48 64 - 3 21
www.eiderstedterhof.de
Öffnungszeiten: dienstags bis
sonntags 14–18 Uhr

Register

Akropolis (Preetz)	**47**, 73
Ali's Futterkrippe (Lübeck)	70
Alter Bahnhof 1913 (Lübeck-Travemünde Hafen)	**38**, 70
Am Wasserturm (Niebüll)	72
Asia Bistro (Rendsburg)	74
Bahnhof (Bad Segeberg)	**33**, 65
Baxx (Neumünster)	71
Bi Molle (Gettorf)	68
Bistro Express (Timmendorfer Strand)	75
Café de Ville (Husum)	68
Café Ritazza (Neumünster)	71
Casa Biutelli – Paninotec (Rendsburg)	**59**, 74
China-Restaurant Goldener Drache (Bad Malente-Gremsmühlen)	65
China-Restaurant Ming Garden (Lübeck-Travemünde Strand)	70
China-Restaurant Pazific (Flensburg-Weiche)	**62**, 67
Der kleine Heinrich (Glückstadt)	**9**, 68
Dieksee-Terrassen (Bad Malente-Gremsmühlen)	**52**, 64
Dolce Vita (Neustadt)	**43**, 72
Eiderstedter Hof (Witzwort)	76
Einfelder Bahnhof (Einfeld)	**26**, 66
Eis-, Süßigkeiten- und Getränkeautomat (Puttgarden)	73
Elsner (Glückstadt)	68
Express (Meldorf)	**13**, 71
Flintbeker Bahnhof (Flintbek)	67
Gockelerie (Itzehoe)	**11**, 69
Grill am Bahnhof (Rendsburg)	74
Grill am Bahnhof (Owschlag)	73
Grillstation am Bahnhof (Pinneberg)	73
Hamester's (Süderbrarup)	**60**, 74
Harlekin (Aumühle)	64
Haslohs Familienlokal (Hasloh)	**23**, 68
Il Giardino (Lübeck-Travemünde Strand)	**40**, 70
Imbiss am Bahnhof (Ahrensburg)	64
Imbiss am Bahnhof Plön (Plön)	73
Kaiserstube (Kiel)	69
Kiek in (Fahrenkrug)	67

Register

Kiosk im Bahnhof (Bargteheide)	65
Kiosk im Bahnhof (Oldenburg/Holstein)	72
Kiosk am ZOB/Bahnhof (Neustadt)	72
Kiosk mit Imbiss (Büchen)	66
Kiosk und Imbiss am Bahnhof (Klanxbüll)	69
Klanxbüller Stube (Klanxbüll)	69
Köpi-Stuben (Eutin)	67
Köz 1 (Bad Oldesloe)	**32**, 65
Kotthaus Restaurant Am Kamin (Heide)	**14**, 68
La Botte (Kaltenkirchen)	**24**, 69
Le Bistro (Eutin)	**55**, 67
Leesch (Reinsbüttel)	**16**, 73
Marienholm (Bad Schwartau)	65
Mariso (Westerland/Sylt)	**19**, 76
Mega-Store (Eckernförde)	66
Meyerhoff (Ahrensburg)	64
Mr. T.'s Döner und Pizza (Tornesch)	75
Ratskeller (Mölln)	**36**, 71
Regio-Store (Büsum)	66
Rigani (Ahrensburg)	64
Rhodos (Ascheberg)	**48**, 64
Samos (Sörup)	74
Samos (Friedrichstadt)	67
Steakhaus (Eutin)	66
Stolz (Plön)	**50**, 73
Südbahnhof (Neumünster-Süd)	**35**, 71
Sylt Entrée (Westerland/Sylt)	76
TAC/Le Bistro (Eutin)	**55**, 67
Thietje's Gasthof (Nützen)	72
Unser Bistro (Husum)	68
Utspann (Bargteheide)	**30**, 65
Wennhof (Scharbeutz)	**42**, 74
Windrose (Tönning)	**18**, 75
Zum kleinen Friesen (Keitum/Sylt)	69
Zur Bahnhofsgaststätte (Nortorf)	72

Bahn fahren in Schleswig-Holstein

Seit Ende 2002 gilt für alle Nahverkehrszüge in Schleswig-Holstein ein einheitliches Preissystem: der Schleswig-Holstein-Tarif. Damit brauchen Fahrgäste der AKN Eisenbahn AG, der DB Regionalbahn Schleswig-Holstein, der NBE nordbahn Eisenbahngesellschaft, der neg Niebüll, der Nord-Ostsee-Bahn und der Schleswig-Holstein-Bahn nur eine Fahrkarte.

Ein besonderes Angebot des Schleswig-Holstein-Tarifs ist die Kleingruppenkarte. Diese gilt für fünf Personen montags bis freitags von 9 bis 3 Uhr am Folgetag und am Wochenende ganztags auf der gewählten Strecke. Die Fahrpreise und alle weiteren Informationen zur Kleingruppenkarte und zum Schleswig-Holstein-Tarif gibt's bei der Hotline des Schleswig-Holstein-Tarifs montags bis freitags von 8 bis 18 Uhr unter 0 18 05 - 71 07 07 (0,12 Euro/Minute) oder unter **www.nah-sh.de**.

Die Fahrkarten des Schleswig-Holstein-Tarifs gibt es an den Nahverkehrsautomaten an den Bahnhöfen, in den Reisezentren der Deutschen Bahn AG (Bahnschalter), an den Automaten in den Triebwagen der Nord-Ostsee-Bahn, der Schleswig-Holstein-Bahn und der nordbahn und beim Zugbegleiter im Flensburg-Express der Nord-Ostsee-Bahn. Hinweisen müssen wir darauf, dass Fahrkarten grundsätzlich vor dem Fahrtbeginn gekauft werden müssen.

Den Fahrplan für alle Nahverkehrszüge in Schleswig-Holstein finden Sie unter
www.bahn.de
und ab Ende 2004 auch unter
www.nah-sh.de.

UNSER WEG. DER NAHVERKEHR IN SCHLESWIG-HOLSTEIN

Inhalt

Amuse Gueule 5

Hamburg–Westerland/Sylt
Glückstadt: Der kleine Heinrich 9
Itzehoe: Gockelerie 11
Meldorf: Express 13
Heide: Kotthaus/Am Kamin 14
Reinsbüttel: Gasthof Leesch 16
Tönning: Windrose 18
Westerland/Sylt: Mariso 19

Hamburg–Kiel
Hasloh: Haslohs Familienlokal 23
Kaltenkirchen: La Botte 24
Einfeld: Einfelder Bahnhof 26

Hamburg–Lübeck–Puttgarden
Bargteheide: Utspann 30
Bad Oldesloe: Köz 1 32
Bad Segeberg: Bahnhof 33
Neumünster-Süd: Südbahnhof 35
Mölln: Ratskeller 36
Lübeck-Travemünde Hafen: Alter Bahnhof 1913 38
Lübeck-Travemünde Strand: Il Giardino 40
Scharbeutz: Restaurant Wennhof 42
Neustadt: Dolce Vita 43

Kiel–Lübeck
Preetz: Akropolis 47
Ascheberg: Rhodos 48
Plön: Restaurant Stolz 50
Bad Malente-Gremsmühlen: Dieksee-Terrassen 52
Eutin: Köpi-Stuben 54
Eutin: Le Bistro/TAC 55

Kiel–Flensburg
Rendsburg: Casa Biutelli 59
Süderbrarup: Hamester's Hotel-Restaurant 60
Flensburg Weiche: China-Restaurant Pazific 62

**Kulinarische Adressen an den Bahnhöfen
Schleswig-Holsteins von Ahrensburg bis Witzwort** 64

Register 77

Bahnfahren in Schleswig-Holstein 79